Das
Jörg Zink
Lesebuch

Das Buch

Man nennt Jörg Zink auch den Mystiker unter den evangelischen Theologen. Sein Nachdenken über Gott in der Welt schlägt Brücken zwischen Tradition und wirklich gelebtem Leben, gibt dem Glauben Tiefe und Gegenwärtigkeit. In diesem Lesebuch, das Herz und Verstand gleichermaßen erreicht, sind Texte aus seinen wichtigsten Werken versammelt.
Sie öffnen Fenster auf die Kraft von Glaube, Liebe und Hoffnung und regen dazu an, weiter zu fragen nach der Kraft Gottes, dem Wirken Jesu und den Möglichkeiten des Glaubens in unserer Zeit.

Der Autor

Jörg Zink (geboren 1922) ist einer der bekanntesten evangelischen Theologen der Gegenwart. Sein umfangreiches Werk spannt einen weiten thematischen Bogen – von Fragen der Bibel und des Glaubens über die Nöte des Alltags bis zu drängenden Problemen unserer Zeit. Jörg Zink lebt und arbeitet in Stuttgart.

Die Herausgeberin

Marlene Fritsch, geboren 1972, lebt und arbeitet als Lektorin in March bei Freiburg im Breisgau.

Das
Jörg Zink
Lesebuch

Herausgegeben von
Marlene Fritsch

HERDER

FREIBURG · BASEL · WIEN

HERDER spektrum Band 6568

MIX
Papier aus verantwor-
tungsvollen Quellen
FSC® C083411

Umschlaggestaltung: Designbüro Gestaltungssaal
Autorenfoto Jörg Zink: © privat
Satz: Designbüro Gestaltungssaal

Herstellung: CPI – Clausen & Bosse, Leck

Printed in Germany

ISBN 978–3-451-06568-2

Inhalt

Vorwort der Herausgeberin

Jörg Zink ist eine außergewöhnliche Persönlichkeit. Durch meine Arbeit als Lektorin hatte ich das Glück, ihn persönlich kennenzulernen. Was mich bei unseren Begegnungen am meisten faszinierte, war seine unglaubliche Präsenz im Gespräch. Wenn ich ihm gegenüber saß, hatte ich immer das Gefühl, persönlich gemeint zu sein, ich geriet jedes Mal regelrecht in den Bann dieses aufmerksamen, weisen Mannes. Ich kenne keinen zweiten zeitgenössischen Autor, der in so einfachen und doch deutlichen Worten die Dinge des Glaubens und des Lebens zur Sprache bringt, der es schafft, den Menschen aus Herz und Seele zu sprechen und in seinen Antworten und Hilfestellungen so menschen- und lebensnah zu bleiben. Und: Ich kenne keinen anderen Autor, dem es gelingt, das Christentum und seine Frohe Botschaft so sehr im Heute zu verankern, so zu »verheutigen«, dass sie für Menschen unserer Gegenwart nicht nur verständlich, sondern eine echte Lebenshilfe sein können. Die Texte von Jörg Zink sind daher aktuell im besten Sinn: Sie sind in unserer Alltagswelt verankert und reflektieren konkrete Ereignisse, Entwicklungen unserer Gesellschaft. Andererseits sind sie zeitlos, weil sie in einer Weise von Gott und den Menschen, vom Glauben und vom Leben sprechen, die ihre Gültigkeit nicht verliert.

»Bücher sind für mich in erster Linie Gesprächspartner. ... Und wenn ich Bücher schreibe, dann treten diese Bücher exakt an die Stelle der Begleitung, die bestimmte Menschen in meiner Seelsorge eigentlich brauchen würden und die ich anders nicht leisten kann. Seelsorge ist ja Begleitung von Menschen durch bestimmte Phasen ihres

Lebens, der Versuch, ihnen dabei zu helfen und ihnen ein weiterführendes Wort zu sagen. Und deshalb schreibe ich meine Bücher meistens so, dass sie sich in kurzen Abschnitten lesen lassen. Sozusagen als Nachttischlektüre – so, dass man abends zwei, drei Seiten lesen kann. (…) Das Buch ist für mich im Großen und Ganzen dasselbe, was die Arbeit des Seelsorgers in seiner Gemeinde ist: die Begleitung derer, die es brauchen.«

So bringt Jörg Zink in einem Interview, das er 1985 dem »Börsenblatt des Deutschen Buchhandels« gab, das Wesentliche und das Charakteristische seines Werkes auf den Punkt: Ihm geht es nicht um eine bestimmte Theologie oder »Lehre«. Ihm geht es auch nicht um »evangelische« Literatur, er will weder belehren noch bekehren. Er will, dass seine Bücher die Menschen erreichen, ihnen Begleiter sind, ihnen helfen zu leben und den eigenen Lebensweg zu finden. Diese Sorge um seine Leser zieht sich wie ein roter Faden durch die inzwischen mehr als zweihundert Veröffentlichungen Jörg Zinks. Doch wie ist es dazu gekommen: Wie wird der Autor zum Seelsorger oder der Seelsorger zum Autor?

Jörg Zink wird am 22. November 1922 als jüngster von drei Brüdern auf dem Habertshof in der Nähe von Schlüchtern in Hessen geboren. Seine Eltern Maria und Max leben dort als Mitglieder einer christlichen Gruppierung, der Neuwerk-Bewegung, die sich nach dem Ersten Weltkrieg in kritischer Haltung zur evangelischen Amtskirche gegründet hat. Man erprobt auf diesem »Bruderhof« ein Leben weitgehend ohne persönlichen Besitz, orientiert an den Idealen der urchristlichen Gemeinde. Nach dem frühen Tod seiner Eltern – 1925 stirbt die Mutter,

1926 der Vater, der vor seinem Tod noch einmal geheiratet hat – ziehen die Brüder mit ihrer Stiefmutter nach Ulm. Die Landschaft der Schwäbischen Alb wird prägend für den Heranwachsenden. Zink erzählt immer wieder, wie er in seiner Jugendzeit ganze Tage und Wochenenden in der Natur verbrachte. Die intensiven Naturerfahrungen werden ihm Lehrmeister für sein ganzes Leben, geben der Gestalt seines Glaubens eine wichtige Kontur.

1939, im Jahr, in dem der Zweite Weltkrieg beginnt, macht Zink Abitur. Er wird eingezogen, eine Ausbildung zum Bordfunker bringt ihn zur Luftwaffe. Bis 1945 gibt der Krieg ihn nicht wieder frei: Zink überlebt den Abschuss seines Flugzeugs über dem Atlantik; 1945 gerät er für einige Monate in amerikanische Kriegsgefangenschaft. Nach seiner Rückkehr beginnt der 23-Jährige in Tübingen Theologie und Philosophie zu studieren. Seine Lehrer sind unter anderen Romano Guardini und Helmut Thielicke. Zink sagt im Rückblick auf diese Zeit:

»Das Wichtige war nicht die Wissenschaft und die Theorie, sondern ich suchte die Anrede an die Menschen. Im Krieg hatte ich ihre Schicksale hinreichend miterleben können, und so wurde mir wichtig, was ihnen zum Leben half. Ich entschied mich gegen den Vorschlag eines Professors, der mir eine akademische Laufbahn empfahl, und wurde zu dessen Bedauern ein einfacher Pfarrer. Dass ich das war, hat meinem Leben einen Sinn verliehen, den ich nicht hoch genug einschätzen kann, nun da es auf sein Ende zugeht.«

Dennoch promoviert er nach dem Vikariat, bleibt aber auch im Folgenden ein Mann der Praxis. Bis 1961 arbeitet er vor allem mit Jugendlichen. Ob als Jugendpfarrer oder Verantwortlicher für die Mädchenarbeit der EKD:

Der »verlorenen Generation« der Fünfzigerjahre, die noch in der Ideologie der Nationalsozialisten erzogen und aufgewachsen war, will er einen geistigen Grund geben, auf dem sie stehen kann. Nach dem Zusammenbruch des Nazi-Regimes und seiner schrecklichen Ideale fehlt es der Jugend an glaubwürdigen Vorbildern. Dem gesunden Misstrauen der einmal Getäuschten begegnete Zink nicht mit neuen Lehren und Doktrinen. Pädagogisch seiner Zeit voraus, setzt er auf eine andere Lehrmeisterin: die Natur. Er geht mit ihnen nach draußen, lässt sie dort das selbstverständliche Werden und Vergehen des Lebens erfahren und zeigt ihnen entgegen allem, das sie bisher erlebt hatten, was es bedeutet, geschwisterlich und friedlich miteinander umzugehen. Es ist auch die Begegnung mit diesen jungen Menschen, die ihn auf den Gedanken bringt, die Bibel neu zu übersetzen – denn die Sprache Luthers verstellt der jungen Generation den Zugang zu den alten Texten.

Von 1961 bis 1981 ist Jörg Zink Fernsehbeauftragter der Württembergischen Landeskirche. Das Medium Fernsehen macht ihn berühmt: Mehr als einhundert Mal spricht er das »Wort zum Sonntag« in der ARD. Auf seinen zahlreichen Reisen, vor allem nach Israel und in die anderen Länder des Nahen Ostens, entdeckt er das Fotografieren und Filmen. Er veröffentlicht Bildbände und produziert Filme, die Land und Leute lebendig werden und seine Leser und Hörer die fremde Kultur hautnah erfahren lassen. Dabei ist Jörg Zink nie einfach als Beobachter oder »Tourist« unterwegs. Er lebt stattdessen wochenlang mit den Menschen zusammen, begleitet beispielsweise Hirten auf ihren Wanderungen mit ihren Tieren, um ihr Denken und Fühlen wirklich kennenzulernen.

Ein anderes zentrales Thema ist der Friede und die Versöhnung zwischen Völkern und Religionen – nicht nur, aber gerade auch, weil er im Krieg am eigenen Leib erfahren hat, wohin Unfrieden, Intoleranz und Waffengewalt führen. Er wird ein Friedensaktivist und bezieht in der Friedens- und Abrüstungsbewegung der Achtzigerjahre klar Stellung. Zink ist somit auch ein politischer Theologe – legendär die freie Rede im »Wort zum Sonntag« während der Entführung der Lufthansa-Maschine Landshut 1977 oder ebenda seine Gedanken 1979 zum Schutz der Umwelt. 1980 tritt er in die damals noch junge Partei »Die Grünen« ein. Auch innerkirchlich beschäftigt ihn das Thema des Friedens, der Toleranz und Geschwisterlichkeit. Gerade die Kirchentage werden zu zentralen Orten gelebter Ökumene. Seine Bibelarbeiten – die letzte hält er 2011 beim Deutschen Evangelischen Kirchentag in Dresden per Videoübertragung, weil ihn eine Krankheit am Reisen hindert – werden für viele Menschen Orte der Begegnung zwischen Konfessionen und Generationen.

Die Schönheit der Sprache, die lebenspraktische Relevanz seiner Worte – das zieht die Menschen an. Seine Theologie ist nie nur eine spröde Lehre von oder über Gott, immer geht es um das praktische Christsein, die konkrete Nachfolge Jesu. Daher sind auch seine Werke nicht auf eine Lehre reduzierbar, sondern eher auf eine Grundhaltung, die ihn selbst wie auch seine Texte prägt. 2012, anlässlich seines 90. Geburtstags, schreibt er:

»Was mir also wichtig ist im Gedanken an die Zukunft unserer Kinder und Enkel? Es ist der Frieden zwischen den Völkern, der Frieden zwischen den Religionen, der Frieden zwischen den Menschen überhaupt. Es ist die Gerechtig-

keit zwischen den Völkern, die Gerechtigkeit zwischen den Schichten der Bevölkerung, die Gerechtigkeit zwischen religiösen Gruppen. Es ist der Schutz der Schöpfung im behutsamen Umgang mit ihr. Und es ist vor allem, als die neue Aufgabe für das 21. Jahrhundert, das Gespräch zwischen den Religionen, den großen Weltreligionen und den Menschen verschiedener Bekenntnisse. Dass es auf diesem Feld zur Bescheidenheit bei den Kirchen und zu sichtbaren, wirksamen Fortschritten kommt: Das ist mir wichtig.«

Auch in den Texten, die ich für dieses Lesebuch zusammengestellt habe, werden Sie diese Themen immer wieder entdecken. Ich möchte Sie einladen, in das Werk von Jörg Zink einzutauchen, erste Bekanntschaft zu machen oder Altvertrautes neu zu entdecken. Natürlich musste ich eine Auswahl treffen, und so habe ich mich auf fünf thematische Zugänge beschränkt, fünf Eingänge in das Werk eines großen spirituellen Denkers unserer Zeit. Einer davon – wenn nicht sogar der zentrale – ist die Frage nach Gott oder vielmehr nach dem Gottesbild. Für Jörg Zink ist entscheidend, welches Bild von Gott sich ein Mensch macht oder an welchem er festhält, weil das Gottesbild nicht nur das eigene Handeln bestimmt, sondern im Wesentlichen das Bild, das man von sich selbst, den anderen und von der Welt hat. Daher ist eine zweite grundsätzliche Frage auch die nach dem Gottesbild, das Jesus verkündet. Er bezeichnete Gott als seinen Vater – oder sogar noch zärtlicher als »Papa«. Was bedeutet das für seine Botschaft? Was bedeutet das für die Menschen, denen er begegnet ist? Und hieraus ergibt sich ein weiterer Schwerpunkt des Werks von Jörg Zink: Was bedeutet dies für uns Menschen heute, wenn wir in der Nachfolge Jesu stehen wollen? Was heißt es, heute Christ zu sein?

Diese eher theoretischen Überlegungen wären für Jörg Zink jedoch nur leere Worte, wenn sich daraus nicht auch ein Tun ergäbe, und zwar ein Tun im ganz konkreten Alltag eines jeden Menschen. Daher heißen die letzten beiden großen Kapitel in Anklang an zwei der erfolgreichsten Bücher Jörg Zinks: »Wie wir heute beten können« und »Wie wir heute leben können«. Wir kehren damit sozusagen an den Beginn zurück: »*Das Buch ist für mich im Großen und Ganzen dasselbe, was die Arbeit des Seelsorgers in seiner Gemeinde ist: die Begleitung derer, die es brauchen.*« Möge dieses Buch Ihnen ein guter Begleiter sein – und Ihr Interesse wecken!

Marlene Fritsch.

I.

Du, meine fernste Nähe

Nachdenken über Gott

Wer ist Gott – für mich?

Über Gott nachzudenken ist nicht verboten; es ist im Gegenteil dringend nötig. Du kannst, was du Gott nennen willst, nicht im Ungefähren lassen. Es könnte ja sein, dass du dein Leben lang über Gott so nachdenkst, wie du es als Kind getan hast, als man dir kindliche Geschichten über ihn erzählte. Dass du also mit Vorstellungen lebst, mit denen du als erwachsener Mensch eigentlich nicht leben kannst, mit der Vorstellung zum Beispiel vom »lieben Gott« oder der vom strafenden Erzieher oder der vom »großen Bruder« Orwells, der alles erbarmungslos sieht. Dass du also mit Bildern von Gott lebst, die du, wenn du das Evangelium gelesen hättest, längst hättest hinter dir lassen können. Es könnte ja auch sein, dass du über Gott so nachdenkst, wie du über deinen Vater gedacht hast; dass es also gar nicht Gott ist, sondern eine kindheitliche Erfahrung, die sein Bild prägt.

Nun hat natürlich alles Nachdenken des Menschen über Gott seine Grenzen, enge Grenzen. Ein Frosch am Grund einer Zisterne sieht den Himmel immer nur durch ein rundes Loch, also rund und klein. Ich will dir drei dieser Grenzen nennen, die du beachten musst.

Die erste: Alles, was wir Menschen in unserem kleinen Kopf über Gott denken, das denken wir in Vergleichen, in Bildern, in Gleichnissen. Wir sagen dann: Gott ist wie … oder wie … Deshalb erzählt Jesus Gleichnisse und schildert Gott »wie« einen Vater, »wie« einen König oder einen Hausherrn. Also »wie etwas«, das wir in unserem normalen Leben sehen können. Und deshalb sagt er: »Ich habe zu euch in Bildern geredet.« Das ist nun einmal so: Was wir nicht sehen können und doch beschreiben wollen, das beschreiben wir in Bildern und nehmen in Kauf, dass kein solcher Vergleich ganz zutrifft und keiner alles umfasst, was es zu sagen gäbe. Ich kann also zugleich sagen: Gott ist wie ein »Richter«, aber auch: Er ist wie ein »Meer«, in dem ich schwimme. Und beides hat Sinn, obwohl wir es nicht zusammendenken können. Wir haben nichts anderes als Bilder. Und da wir immer in Bildern denken, so bleibt, was wir über Gott denken, bei aller Anstrengung unseres Nachdenkens unangemessen. Das ist die erste Grenze.

Die zweite Grenze: Alles, was in unserem Kopf vorgeht, ist eine Spiegelung. Wenn wir einen Baum sehen, dann geht nicht der Baum durch unseren Kopf, vielmehr spiegelt sich der Baum in unseren Augen und in unserem Gehirn. Und wenn wir über Gott einen Gedanken fassen, dann wird dieser Gedanke nicht Gott sein, sondern er wird Gott spiegeln. Das gilt auch von allem, was die Bibel über Gott sagt. Auch die Aussagen der Bibel werden sich erst in unserem Kopf und Herzen spiegeln müssen, ehe wir sie bejahen oder verneinen können. Und da wir nicht alle den gleichen Kopf haben, sondern zum Glück sehr verschiedene, so spiegelt sich, was das Evangelium sagt, verschieden in unseren Köpfen. Und in dem Augenblick, in dem wir sagen: Was ich denke, ist richtig, was du denkst, ist falsch, überziehen wir unsere Fähigkeiten. Deshalb reden auch die Zeugen der Bibel von Gott nicht einheitlich, sondern in sehr verschiedenen Worten und Bildern, und wir tun gut, was wir verstanden haben, nicht für das einzig Richtige zu halten.

Die dritte Grenze: Unser Denken ist gebunden an unsere sinnliche Wahrnehmung und an die engen Grenzen unserer geistigen Organisation. Wir sehen – und wir denken nach über das, was wir sehen. Wir haben Dinge, Gegenstände vor uns, die eindeutig und klar sind. Ein Haus ist ein Haus und kein Wal. In dem Augenblick aber, in dem wir die Grenzen unserer sinnlichen Wahrnehmung und unseres Verstandes überschreiten, in dem Augenblick, in dem wir etwa über Engel nachdenken oder das jenseitige Leben oder auch nur über die Freiheit des Menschen oder über die letzten Bausteine der Materie, tritt der Gegenstand, über den wir nachdenken, in Widersprüche auseinander. Wir können dann »beweisen«, es sei so; ein anderer aber wird ebenso schlüssig »beweisen«, es sei alles ganz anders. Was Gott anbetrifft, so sei Gott nach Art einer Person zu denken oder er übersteige das Wesen einer Person unendlich, und es sei viel angemessener, ihn ohne die Eigenschaften einer Person zu denken. Der eine wird sagen: Gott ist unendlich fern, der andere, Gott ist unendlich nah. Haben beide recht? Vermutlich ja. Und es ist gut, wenn beides stehen bleibt. Wir sprechen von einem komplementären Denken, das überall dort angebracht sei, wo wir die Grenzen unserer Wahrnehmung überschreiten. Das ist ein Denken, das einen harten Widerspruch aushält und sich nicht auf die eine Seite schlägt, um zu einer einfacheren Lösung zu kommen. Denn bei einem Widerspruch dieser Art schließt die eine Behauptung die gegensätzliche nicht aus, sondern beide zusammen, die wir nicht zusammenbringen, füllen miteinander das Ganze der Wahrheit aus.

Nun kann es dir geschehen, dass dir gerade dann, wenn du diese Grenzen beachtest, alle die verschiedenen Gottesbilder, die du bisher gekannt hast und die dir vertraut sind, in Stücke zerfallen. Der »liebe Gott« zerfällt, und übrig bleibt ein dunkles Nichts.

Dann tu etwas sehr Einfaches. Lies im Evangelium. Es erzählt von Jesus, der das ganz und gar nicht einfache, aber das ungemein entlastende, heilende, ermutigende und befreiende Bild von Gott dem »Vater« vor uns hinstellt. Glaube also immer nur anfänglich und vorläufig an den Gott, den du dir ausgedacht hast, und geh von ihm aus immer wieder und immer neu weiter bis dahin, wo du Jesus sagen hörst: »Wenn du zu Gott reden willst, dann sage: Vater im Himmel.« Oder sage: Mutter im Himmel. Du sagst im Grunde das Gleiche.

Du hast die Wahrheit nicht in den Händen, aber du gehst auf sie zu. Du bist nicht die Wahrheit, aber sie wird dich prägen. Du bist nicht am Ziel, aber du wirst es – auf der Spur, die Jesus dir zeigt – erreichen. Und eines Tages wirst du sagen können: »Alles ist gut. Ja, das ist die Wahrheit. Ich danke dir, Gott, dass alles gut ist.«

Gott, der Vater

Was mich immer wieder am stärksten berührt, wenn ich über Jesus nachdenke, ist nicht so sehr, was er geredet oder getan hat. Es ist nicht seine Unbeugsamkeit gegenüber den herrschenden Mächten, nicht einmal seine ausstrahlende Güte, nicht die Geschichten, die er erzählt hat oder die über ihn erzählt werden. Am stärksten ist für mich die unglaublich reine Selbstverständlichkeit, in der er sich mit Gott verbunden wusste, und die hinreißende Gewissheit, mit seinem Vater eins zu sein, die durch alles hindurchleuchtet. Er war sich gewiss und bewusst, von seinem Vater umfangen zu sein, durchpulst von ihm und keinen Augenblick verlassen von seiner Liebe. Wo er stand, war der Vater. Wo er ging, war er von ihm begleitet. Auf seinen Wink handelte er, was er von ihm hörte, sagte er den Menschen weiter. Alles hatte dann seine genaue Zeit, wenn der Vater »die Stunde« angab, und es geschah so, wie er es anwies. Die Welt, die gefährliche und armselige, in der er lebte, lag in der Hand des Vaters, und er beging und bewohnte dieses Haus mit einem einzigartigen Vertrauen.

Das war im Grunde sein erstes Thema: Die Welt ist das Haus des Vaters. »Darum«, so redete er zu den Armen und Verachteten in seinem Land, »verzehrt euch nicht in eurer Sorge! Richtet euch auf! Ihr seid seine Kinder. Ihr kommt von ihm her. Ihr lebt in seinem Schutz. Kein Haar fällt von eurem Haupt, wenn er es nicht will. Ihr kehrt am Ende zu ihm zurück.« Lebt nun so, dass man euch anmerkt, dass ihr seine Töchter seid, seine Söhne! Wenn ihr betet, dann sagt: »Vater!« Sagt es mit der Selbstverständlichkeit, die ich euch vorlebe. Das Wort »Vater« gilt, es ist die Wahrheit.

Wenn ich mich heute bemühe, etwas von Jesus in meinem Leben Gestalt werden zu lassen, dann ist hier der Ausgangspunkt. Wenn ich irgendwo stehe, unterwegs bin, am Tisch sitze, auf einer Bank in einem Park oder in einer alten Kirche, dann sage ich nichts weiter als »Vater«. Und sogleich fangen die Gedanken an, zur Ruhe zu kommen und sich zu ordnen. Dann fängt eine starke, heilige Nähe an, sich um mich zu schließen. Ich sage: Du bist da. Nichts weiter. Oder: Danke. Und sogleich tauche ich ein in seine dichte Gegenwart. Ich rede nicht viel. Was ich denke, weiß er. Worunter ich leide, sieht er. Was mein Herz bewegt, hört er. Ich schließe einen Augenblick die Augen und bin in Gott. Ihm gebe ich mich hin mit allen den Menschen zusammen, die mit mir ein großes und gutes Haus, ein von einem Vater behütetes, zum Leben nötig haben. Ich stelle mir den Gott, den ich anrede, vor als das Herz der Wirklichkeit, die Lebenskraft der Wirklichkeit oder ihre Mitte, aus der sie besteht.

(…)

Es ist uns Menschen, unserem Verstand und unserer Seele eingestiftet, dass wir von allem, was wir nicht sehen, so reden müssen, als sähen wir etwas. Wir müssen Bilder aus der uns nahen sichtbaren Wirklichkeit nehmen, um etwas zu bezeichnen, das uns fern und verborgen ist. So reden die Dichter. So reden aber auch Mythen und Märchen, und selbst die Wissenschaft redet so, wenn sie von Dingen spricht, die niemand je gesehen hat. Das ist nicht etwa die Redeweise einer vergangenen Zeit. Es ist einfach Menschenweise. Nichts werden wir ohne unsere bildhafte Sprache wirklich verstehen, um das es sich lohnt, es zu verstehen. Wir nennen das Innerste in uns, das Tiefste, unser »Herz«. »Dein ist mein ganzes Herz«, sagen wir zu einem Menschen, den wir lieben. Wir nehmen das schlichte Organ, das wir in uns tragen, als Bild und bezeichnen damit, was niemand von uns je gesehen hat: das verborgene Geheimnis unseres inneren Menschen. Und so reden wir auch von Gott in Bildern. Wir suchen nach einem Vergleich, der möglichst viel von dem zeigt, was wir sagen wollen. Wir denken an den Vater einer Familie und bezeichnen damit, was wir von Gott und von unserer Beziehung zu ihm glauben. Drei Fehler könnten uns dabei unterlaufen. Der erste wäre, zu meinen, damit sei Gott beschrieben. Der zweite Fehler wäre der, zu meinen, an einem menschlichen Vater wäre nun alles abzulesen, was und wie Gott sein müsse. Der dritte der, Gott auf das männliche Geschlecht festzulegen. Aber Gott ist weder Mann noch Frau. Er ist Gott. Und es ist nicht ganz ungefährlich und bleibt es, irgendwelche menschlichen Bilder auf Gott anzuwenden. Immerhin: Jesus gibt uns das Recht, so zu reden.

Wenn Jesus also das Gleichnis vom »Vater« wählte, wenn er von Gott sprach, dann tat er das wohl unter anderem deshalb, weil ein Vater in den gesellschaftlichen Ordnungen der damaligen Welt das absolute Oberhaupt der Familie und weil daran kein Zweifel möglich war. Ein »Vater« war Autorität. Die kulturelle Entwicklung ging inzwischen um 2000 Jahre weiter und mit ihr veränderten sich die Grundbilder, in denen unser Leben sich ausdrückt. Wir sehen heute Mann und Frau auf gleicher Geltungshöhe nebeneinander, auf gleicher Höhe ihrer Rechte und Verantwortungen. Sollte es also heute jemand schwer fallen, Gott einen »Vater« zu nennen, weil ihm dabei der eigene Vater und was er von ihm erlebt hat, im Wege steht, so scheint es mir völlig selbstverständlich zu sein, dass es ihm erlaubt ist, sich zu sammeln und zu sagen: »Mutter!« Vielleicht empfindet er dabei mehr von dem, was Jesus ihm zeigen will. Und wieder geht es dabei nicht um die Einseitigkeit einer menschlichen Geschlechterrolle. Die Mutter wird dabei nicht zu einer Göttin. Er oder sie, der Vater oder die Mutter, verweist als ein Bild auf Gott in dem heiligen und umfassenden Sinn, den Jesus meint.

Das sah schon das Volk der Juden ähnlich. In Jesaja 66 sagt einer seiner Propheten im Namen Gottes: »Ich will ihre Kinder auf dem Arm tragen, auf den Knien will ich sie liebkosen. Ich will euch trösten, wie einen Mann seine Mutter tröstet.« An anderen Stellen wird Gott immer wieder wie eine Mutter geschildert, die ihr Kind im Leib trägt, es zur Welt bringt, es mit sich führt, es »hebt, trägt und bewahrt«. Im Grunde ist es unsinnig, dass wir, wie unsere Sprache es nun eben tut, von Gott als von einem »er« sprechen. Aber sagten wir »sie«, wäre es nicht besser. Gott ist weder Mann noch Frau. Gott ist Gott. Aber da unsere Sprache nichts anderes anbieten kann, ist es unumgänglich, dass wir ihn uns im Bild eines Menschen vorstellen.

Aber weiter: Wenn ich sage »Vater!«, so gehe ich davon aus, es habe Sinn, Gott anzureden. Dann ist mir Gott auf jeden Fall mehr als ein blindes Schicksal, mehr als eine bloße Naturkraft, mehr als ein kosmisches Fluidum oder ein Weltgeist. Er ist mehr als ein Naturgesetz oder eine Art Energie. Ich nehme dann noch ein weiteres Bild aus dieser Welt meiner Erfahrungen mit anderen Menschen und mit mir selbst und stelle mir eine Art »Person« vor. Eine »Person« hört, was ich sage. Sie sieht, was ich tue. Sie teilt sich mit. Sie trifft Urteile und Entscheidungen, sie gibt Weisungen, handelt, setzt sich Ziele. Dass ich mir Gott als eine Art von »Person« vorstelle, ist die Voraussetzung dafür, dass ich zu ihm sprechen kann. Zu einer bloßen Naturkraft kann ich nicht beten. Darin liegt für unsere heutige Zeit eine zentrale spirituelle Denkaufgabe. Bis in Kreise von Theologen hinein raten uns manche, die Vorstellung von Gott als einer »Person« hinter uns zu lassen und ihn zwar als allgegenwärtig, aber ohne persönliches Bewusstsein und Profil vorzustellen.

Dabei ist beides wahr: Gott ist zweifellos in allem, was Stoff ist, er wirkt in allem, was wir die Selbstorganisation des Lebendigen nennen, er steht in allem als Gesetz, als Ordnung, als lebendige Kraft, als gestaltende Fantasie, als

Informationsfluss zwischen den kleinsten Teilchen der Materie, als vorausdenkende Planung. Dies alles lassen wir gelten auch dann, wenn wir uns Gott nicht als Person vorstellen. Aber was soll uns danach hindern, uns diesen Gott als ein seiner selbst bewusstes, denkendes Wesen vorzustellen, ausgestattet mit wirkender Kraft, mit Willen und einer hoch differenzierten geistigen Gesprächsfähigkeit, mit Barmherzigkeit, mit Liebe? Wenn Gott keine Person wäre, so hätte der Mensch in der Geschichte der Evolution einen höheren Stand und einen höheren Rang erreicht als Gott selbst. Aber warum wollen wir es denn nicht aushalten, dass uns Gott zugleich erscheint als gegenwärtig in allen Dingen und als Person? Warum immer dieses klein bemessene Entweder-Oder? Wir hindern uns doch mit unserem ständigen Entscheiden zwischen dem, was wir für möglich halten oder für unmöglich, nur daran, das Wesen dieser Welt, auch das Wesen des Menschen und zuletzt das Wesen Gottes zu verstehen! Denn das scheint mir unserem menschlichen Geist eigen zu sein: Er wird, was über seinen Horizont hinaus liegt, immer nur in unauflöslichen Widersprüchen schildern können.

Nein, es liegt sehr viel Weisheit darin, dass die Bibel Gott mit »du« anspricht. Dass sie von seiner Treue redet oder seiner Güte, als wäre er etwas wie ein Mensch. Sie sagt etwa, wir stünden »vor seinem Angesicht«, obwohl ihr niemand unterstellen wird, sie meine, Gott habe ein Gesicht wie ein Mensch. Sie will damit sagen, die Würde eines Menschen komme zur Erscheinung, wenn er dem Gesicht eines anderen Menschen gegenübertritt. So rühre die eigentliche und besondere Würde des Menschen aus seinem Gegenüber zu Gott. Wenn ich Gott »schauen«

wolle, müsse ich ihm mein eigenes Gesicht zuwenden. Und so rede ich Gott an als den, den Jesus mir mit dem Wort »Vater« bekannt macht, und finde dabei den Stand und den Sinn meines Lebens.

Gott finden in der Bibel

Im Grunde begegnen wir der Frage nach Gottes Wort sofort, wenn wir uns mit Jesus beschäftigen. Wir sagen: Jesus war ein wirklicher Mensch. Er stammte aus Nazaret. Er wurde in religiösem Wissen unterrichtet. Er ging in Galiläa von Dorf zu Dorf, heilte Kranke und predigte, was die Heilige Schrift sagte, wie ein jüdischer Lehrer es tat. Er wusste sich von Gott zu seinem Tun beauftragt. Und als dieser besondere Mensch und Beauftragte Gottes hatte er ein Wort für uns. Eine Botschaft. Und er war selbst, so sagt das Johannesevangelium, die Botschaft von Gott und das Wort für uns. Hier ist der Mittelpunkt und Ausgangspunkt unserer Frage.

Aber weiter: Die Bibel sagt, die Welt sei durch Gottes Sprechen ins Leben gerufen worden und sie werde unverändert seit ihrem Anbeginn von ihm durch die ganze Geschichte der Evolution hindurch weitergesprochen. Wort ist Leben schaffende, Leben wandelnde Kraft. Wort ist gestaltender Geist. Wort ist gestaltende Kunst, die wir durch die Epochen der kosmischen Geschichte hin zu sehen bekommen.

Die Bibel sagt, im Lauf der Menschengeschichte habe Gott zu Menschen gesprochen: zu Propheten, Weisen, Asketen, Künstlern, Denkern und zu unzähligen sehr einfachen und durchschnittlichen Menschen. Die hören ein Wort und drücken danach in ihren eigenen Worten aus, was sie empfangen haben. Die Menschen werden zu einem Wort von Gott auf den Wegen der Inspiration.

Dieses frei ausgesprochene Wort der Warnung, der Weisung oder der freundlichen Zuwendung wird von anderen aufgeschrieben. Es wird sorgfältig von Generation zu Generation bewahrt und zuletzt in ein Buch gefasst. Das Buch nehmen wir Heutigen in die Hand und sagen: »Das ist Gottes Wort.« Einer nimmt ein solches Wort mit sich und versucht, aus dem Menschenwort, das er liest, die Anrede durch Gott herauszuhören. Wenn Gott will, trifft ein Wort von ihm den Hörenden in seinem Zentrum.

Ich will persönlich reden: Als ich nach fünf Jahren Krieg und Gefangenschaft die zerstörte Stadt meiner Kindheit wiedersah, stellte sich mir wie unzähligen anderen die Frage, wie und auf welches Ziel hin wir die Zukunft unseres Landes neu aufbauen könnten. Wo nun eine tragfähige Grundlage sei. Da begegnete mir eines Tages ein Wort des Paulus: »Einen anderen Grund kann niemand legen als den, der gelegt ist: Jesus Christus.« Dieses Wort traf mich. Ich wusste, das ging mich »unbedingt« an, wie der Theologe Tillich gesagt hätte, und ich wählte den Beruf eines Pfarrers. Dieses schlichte Wort aus dem ersten Korintherbrief begleitet mich nun schon seit mehr als sechzig Jahren als eine Anrede oder ein Anruf von dem her, der alle die vergangenen Zeiten in und durch Jesus Christus zu mir und meinen Zeitgenossen gesprochen hat.

Ich will noch einmal an einer anderen Stelle einsetzen. Nämlich bei der Frage, wie denn die Wirklichkeit gebaut sei: in uns, um uns her oder ganz anderswo im Universum und über es hinaus. Für die Bibel sind ja die verschiedenen Ebenen des Wirklichen gegeneinander durchlässig, sie haben Fenster und Türen, und was ein »Wort« ist, das ist ein Anruf, eine Anrede, ein tröstliches oder ein forderndes Wort gleichsam durch eine Öffnung in den Wänden zwischen den Schichten der Wirklichkeit. Wahrheit heißt, wie gesagt, in der Sprache des Neuen Testaments »Offenheit«. Und wenn Jesus sagt, er sei die Tür, dann schließt er an diese Vorstellung vom Hinüber und Herüber zwischen den Ebenen des Wirklichen an. Wenn von ihm gesagt wird, er sei das Wort, dann will das sagen, durch ihn ergehe eine Nachricht oder Anrede aus einer anderen Wirklichkeit in die herüber, in der wir leben.

Ich will also versuchen, von vier Ebenen des Wirklichen zu reden, in der Hoffnung, damit nicht weit neben dem Bild zu sein, das die Bibel sich von der Wirklichkeit macht. Mir ist, als erscheine sie uns in vier Gestalten.

Die erste ist die vordergründige Realität, die wir mit Händen greifen und mit Augen schauen. Die wahrnehmbare Welt, in der wir leben und die wir mit unseren Sinnes- und Verstandeskräften erkennen. Raum und Zeit, wie wir sie täglich erleben und wie die Naturwissenschaft sie erforscht. An ihr scheint alles eindeutig, klar und begreiflich, bis auf das ungeheuer Viele, das unbekannt, fremd und rätselhaft ist, und bis hin zu der Unsicherheit, in die wir heute geraten können, wenn uns die Wissenschaft sagt, die Wirklichkeit könne auch ganz anders gebaut sein, als wir sie wahrnehmen.

Eine zweite Ebene sehe ich in meiner eigenen Seele. In dem, was auf sie einwirkt oder von ihr ausgeht. Ein Traum, den ich träume, ist eine Wirklichkeit, Ausgangspunkt und Ausdruck jener Realität, die danach von meiner Seele geschaffen oder verändert wird. Wünsche, Ängste, Traumata sind eine eigene Welt, zu der mein Verstand nur sehr mühsam einen Zugang findet und von der ihm sehr viel wohl ganz verschlossen bleibt. Es ist eine Innenwelt mit ihren Bildern und ihrer schöpferischen Energie, wie sie mir aus dem uralten Erbe der Evolution mitgegeben sind. In dieser zweiten, andersartigen Wirklichkeit scheinen ganz andere Gesetze zu herrschen, als die Naturwissenschaft in der äußeren Welt am Werk sieht.

Eine dritte Ebene, die nicht weniger Wirklichkeit besitzt, sehe ich dicht um uns her, aber jenseits der Grenze unserer normalen Erkenntnis. Sie übersteigt die Welt unserer Sinne und unseres Verstandes, dieses unseres bescheidenen Instrumentariums. Sie sagt: Es ist mehr Wirklichkeit zwischen Himmel und Erde als unsere Schulweisheit sich träumen lässt. In der außersinnlichen Erfahrung macht sie sich bemerkbar. In Visionen, Ekstasen, Eingebungen, in Trance, im Fernwissen oder Vorauswissen, in Nahtoderfahrung und den Erfahrungen des Überschritts oder des Berührtwerdens deutet sich dem davon Getroffenen eine größere, eine rätselhaftere, eine reichere Wirklichkeit an. Weder das Vorauswissen noch das Fernwissen lassen sich naturwissenschaftlich deuten, aber ebenso wenig mit den Mitteln der Psychologie. Es ist eine eigene Welt. Was aber außersinnlich wahrnehmbar wird, ist dennoch Teil unserer Welt. Es ist real wie die beiden vorigen Formen von Wirklichkeit, aber noch nicht das Jenseits. Ich möchte vermuten, es ist eine eigene Welt der Lebenden und der Toten.

Danach steht vor uns, was Nikolaus von Kues »die Mauer« nennt – die Grenze für alles Erfahren, die unzugängliche und unvorstellbare Grenze zur Wirklichkeit Gottes, die wir nicht finden werden, so sehr wir sie suchen, die sich uns aber offenbaren und kundtun kann, wenn Gott es will. Sie eigentlich grenzt das ab, was wir das Jenseits nennen. Dieses Jenseits liegt gleichwohl nicht irgendwo in irgendeiner Ferne, sondern mitten in unserer Welt, und wir wenden ihm das freie Wagnis zu, das wir den Glauben nennen.

Nun ist aber entscheidend wichtig, dass wir sehen: Diese vier Ebenen der Wirklichkeit sind nicht gegeneinander abgeschottet, sie führen keineswegs ihr je eigenes Innenleben. Sie überschneiden sich, sie verbinden sich, sie durchdringen einander. Sie sind miteinander verbunden, verknüpft, vernetzt. Sie tauschen sich aus, sie verweben sich. Wenn ich mich tatsächlich der ganzen Wirklichkeit um mich her und in mir selbst zuwende, so können sie mir alle vier zugleich begegnen.

Was wir im komplexen Sinn dieser Bezeichnung ein »Wort« nennen, ist eine Nachricht aus der einen in eine andere Ebene, eine Zuwendung, eine Wirkung aus der einen in die andere. Da geht aus der äußeren Welt etwas in meine Seele ein. Da erwacht etwas in meiner Seele und gestaltet meine Welt. So geht zwischen meiner Seele und der Welt des Außersinnlichen etwas hin und her, das vielleicht danach einen Vorgang in meiner realen Außenwelt deutet. Es kommt etwas aus der Dunkelheit des fernen Gottes als Licht in mich herein oder als Anweisung, als Kundgabe. Und alles kann die Weise sein, in der eine empfundene oder geahnte Wahrheit zur Gewissheit wird.

Ein zweiter Schritt: Auf welchen Wegen nehmen wir diese vier Ebenen wahr? Was in meiner normalen Umwelt geschieht, kommt zu mir durch das Fenster meiner Aufmerksamkeit, meiner Sinne und meines Verstandes.

Was sich in meiner Seele abspielt, nehme ich wahr durch mein Empfinden und drücke ich aus über das Fenster meiner Kraft, zu erzählen und zu deuten.

Was aus der meinen Sinnen verborgenen Welt zu mir kommen will, nehme ich auf durch das Fenster meiner Intuition und kontrolliere ich mit allen Kräften meiner Seele.

Was aus dem »Raum Gottes« – wie wir im Grunde immer sagen können, ohne zu wissen, was das ist – kommen will, das höre ich, weil Gott mir das Ohr öffnet und das Herz zugänglich macht.

Überall aber ist der wichtige Grundvorgang der, dass irgendwo zwischen den Schichten des Wirklichen ein Fenster aufgeht und ein Bild, eine Nachricht, eine Erkenntnis, eine Anrede hin- oder hergeht, durch die ein Mensch beginnt, die Welt besser zu verstehen, mit sich selbst besser umzugehen, das Größere zu ahnen oder ein offenbarendes Wort zu empfangen oder auch ein Gebet zu wagen.

Alles ist »Wort«: Klarheit, schöpferische Fantasie, künstlerische Gestaltung, Einsicht in Geheimnisse, Erkenntnis des religiösen Hintergrunds alles Menschenlebens und alles Geschehens in der Welt.

Was nun die Bibel angeht, so redet sie auf allen diesen vier Ebenen. Auf der ersten erzählt sie, und was sie erzählt, betrifft bestimmte geschichtliche Personen oder Vorgänge oder es betrifft Maßstäbe, nach denen sich das menschliche Leben auf dieser Erde richten soll. Die Bibel ist dabei für ihre frühe Zeit von einer einzigartigen historischen Sorgfalt und Genauigkeit, und wir können, was sie mitteilt, meistens leicht und stimmig auf unsere um zwei oder drei Jahrtausende spätere Situation anwenden. Aber die Bibel sagt darüber hinaus: In all dem redet Gott zu dir, dem späteren Bewohner dieser Erde.

Sie spricht auch auf der zweiten Ebene, nämlich so, dass sich ihr Leser oder Hörer in einer Geschichte oder Anrede, einem Gebet oder einem Hymnus wiedererkennt. Sie spricht in Bildern, in Symbolen, in Legenden, in Märchen. Sie malt seelische Szenen. Sie spricht sozusagen in den seelischen Aufnahmeraum des Menschen herein, und was sie da meint, liegt nicht um Jahrtausende zurück. Es geschieht vielmehr in dem Augenblick, in dem ein Mensch von heute oder ein Mensch, der in hundert Jahren leben wird, seine inneren Fragen zu bestehen hat. Auf dieser Ebene rinnt die psychische Erfahrung und Erinnerung der Menschheit zusammen und es ergibt sich ein weites Feld von Information und Deutung. Auch die Deutung, die ein Wort von Gott nach Auffassung der Bibel der Seele eines Menschen ermöglicht.

Sie spricht auf der dritten Ebene: Ihre Heiligen, Propheten, Berufenen, Geisterfüllten, die in ihr als Sprecher auftreten, erleben Visionen und schildern, was sie sahen. Sie erleben Ekstasen, sie blicken über die Grenze hinüber in eine größere Welt. Sie hören Stimmen, die aus einer anderen Dimension kommen. Sie empfangen Aufträge. Sie wissen sich geführt. Sie stehen an der Grenze zwischen unserer konkreten Welt, ihrer eigenen Seele und der über diese Wirklichkeiten hinausreichenden Welt. Sie sehen Licht. Sie sehen und hören ferne und fremde Gestalten wie Engel. Sie sehen Bilder des thronenden Gottes oder im Neuen Testament des Christus. Sie wissen sich von Gottes Geist angeredet und begnadet.

In all dem aber – in der konkreten Geschichte, in der Landschaft der einzelnen Seele von heute oder der menschheitlichen Dimension der religiösen Erfahrung – geschieht das, was wir das »Wort Gottes« nennen, die Offenbarung Gottes, die Offenheit, Zugänglichkeit und Hörbarkeit Gottes selbst.

Lesen wir nun die Bibel, so werden wir es auf diese vier Weisen tun müssen: Wir werden die Partien der Bibel, in denen konkret und geschichtlich geredet und erzählt wird, so ernst und so schlicht nehmen, wie sie gemeint sind mit ihrem buchstäblichen Sinn, und wie sie sich der wissenschaftlichen Nachfrage erschließen.

Wir werden sie so lesen, dass sich ein Gespräch zwischen ihr und unserer Seele dabei abspielt. Wir werden die Fülle der Bilder in uns und in ihr wachrufen und vielleicht die Aussagen der Bibel in der Auseinandersetzung mit dem Mythos unserer eigenen Zeit nach- und neuformulieren.

Und wir werden sie so lesen, wie sie von den Überschritten in die größere Welt redet, und wir werden uns für sie so öffnen, dass die Zeichen dieses Überschritts – Ekstase und Traum, Vision und Audition – uns zu unseren eigenen außersinnlichen Möglichkeiten hinführen, sodass sie geschehen können, wenn Gott es will.

Und wir werden bei all dem Gottes Geist erbitten, damit das Wort, das uns trifft, uns zu einem Wort von Gott wird und es einen Zugang zur Wahrheit öffnet, auch zu der vielschichtigen Wahrheit dieser Welt und zur lebendigen Wahrheit unseres eigenen Wesens und Weges.

Was also Gott spricht, kann in unserer vordergründigen Welt zu konkreten Entscheidungen führen. Es kann in unserer eigenen Seele auf mystischen Wegen gesucht und gefunden werden. Es kann in den außersinnlichen Grenzerfahrungen mit dem größeren, weiteren Diesseits unserer Welt ergehen. Und es kann in der großen Sprache der Gottes- und der Christusgeschichte durch den Geist Gottes zu uns kommen und uns zwingend und unbedingt angehen. Und damit hat sich für uns die ganze Welt von Grund auf verändert.

Spricht Gott weiter zu uns?

Gott hat zu den Menschen der Bibel geredet. Redet er auch zu uns? Oder ist er inzwischen stumm geworden? Hat ihm die Geschichte der Menschen auf dieser Erde inzwischen die Sprache verschlagen? Hat unsere menschliche Seele womöglich ihre Hörfähigkeit verloren? Und wenn Gott weiter spricht, wie hört sich das an?

Wir sagen: Gottes Offenbarung erging viele Jahrhunderte lang. Wenn das wahr ist, dann werden wir fragen dürfen: Redet er auch heute? Redet er zu uns? Und unsere Antwort wird lauten müssen: Er tut es von jeher und wird es in alle Zukunft hinaus tun.

Nur ist die »christliche Wahrheit« niemals fertig. Sie wird und wächst und gestaltet sich weiter in uns allen, auch durch alle Wandlungen im Geist einer Zeit hindurch. Was wir heute in der Hand haben, das Neue Testament, ist in einem Prozess von hundert oder mehr Jahren zustande gekommen. In dieser Zeit entstanden nacheinander und nebeneinander Ausgestaltungen seiner Botschaft, wie sie im Anfang der Zeit nach Ostern nicht hätten gedacht werden können. Und wenn wir heute versuchen, diese Botschaft in die Sprache und in die Bilder unserer Zeit zu transponieren, so werden wir Gedanken denken müssen, die Paulus oder Johannes so nicht hätten denken können. Das aber ist deshalb möglich, weil Gott auch zu uns spricht. Für uns. Mit uns. Durch uns. Auch gegen uns. Auch an uns vorbei, wenn wir unser Gehör verschließen. Die Frage ist, ob wir bereit und willig genug sind, Gott gegenüber hörend und schauend anwesend zu sein.

Woran erkennen wir aber ein Wort von Gott? Daran, dass es ein deutliches Gewicht hat. Daran, dass uns etwas Gewichtiges trifft, das wir uns nicht hätten selbst sagen können, und es uns bewegt. Dass wir uns verändern müssten, wollten wir ihm entsprechen. Dass aus ihm Aufträge hervorgehen.

Und an einem entgegengesetzten Merkmal: An der schwebenden Ungebundenheit. An der lebendigen Leichtigkeit, die wir mit dem Wort »Gnade« zu fassen suchen. An der Beglückung, die die Erfahrung des Gnadenhaften in uns auslöst. Vielleicht auch daran, dass sich uns das Spiel des Daseins als Ganzes öffnet. Dass wir uns ergriffen und umfasst wissen. Dass wir aus allem, was um uns ist, heraushören, wir seien geliebt, geschützt, gemeint, oder besser, *ich* sei von Gott geliebt.

Licht tritt vor meine Augen, Wärme, Gewissheit, Dankbarkeit, Überraschung, Erstaunen, Schock, Glück. Es erscheint die Nähe von etwas unendlich Fernem. Ich weiß mich zu Hause. Und so, auf unendlich vielfältige Weise, höre ich ein Wort, das mir gilt.

Es kann mir freilich auch widerfahren, dass ich in die Dunkelheit stürze, die die Verlassenheit von Gott, sein Schweigen, seine Stummheit mit sich bringt. Dieses Schweigen aber zeigt: Unser Leben hängt davon ab, dass Gott eben nicht schweigt.

Ich kann daran wenig machen, wenig bewirken, wenig mir selbst suggerieren. Es überwältigt mich, es stellt mir mich selbst vor Augen in dem Zustand, in dem ich bin. Und das, obwohl mir von da an auch die Ferne und Dunkelheit Gottes vor der Seele stehen können, der harte Gegensatz auch von Gottes Nähe und von Gottverlassenheit, wie er über uns Menschen verhängt sein kann. Ich sage das eingedenk der Tatsache, dass oft gerade sehr aufmerksam lebende Menschen lange Zeiten der Abwesenheit Gottes erleiden; auch eingedenk der Tatsache, dass keiner von uns vorauszusagen weiß, wie viel Gewissheit ihm bleiben wird, wenn er seinen Weg in die andere Welt antritt.

Aber das gilt und das halten wir fest: Der lebendige Gott lebt. Der sprechende Gott spricht. Der schaffende Gott schafft. Der liebende Gott liebt. Ihm sei Dank, dass seine sprechende Nähe und Lebendigkeit die Grundwirklichkeit ist, in der wir Stand und Halt haben, auch wenn wir ihn nicht hören. Die Hand sozusagen, in der wir uns, und sei es mit Furcht und Zittern, bergen.

Von Gott reden in der
Sprache der Bilder

Jesus redet davon, dass alles nah beieinander sei: Gott und die Welt. Gott und mein eigenes Nachdenken, mein eigenes Herz. Mein eigenes schwieriges Leben. Gott und mein zerklüftetes Gewissen. Gott und meine Versuche, so zu leben, wie er es mir zugedacht hat. Gott ist für Jesus nicht in einer fernen Ecke des Universums zu suchen wie für manche Theologen der letzten hundert Jahre. Er ist nicht der »ganz Andere«. Er ist nahe wie das Land, in dem ich lebe, wie meine täglichen Aufgaben und meine täglichen Mühen. Er hört und sieht. Er kümmert sich. Er hat mich auf meine Erdenreise geschickt, er begleitet mich dabei, und er nimmt mich am Ende wieder zu sich.

Weil aber Gott so nah ist, darum kann Jesus von ihm so konkret reden wie von all den praktischen Dingen, die ich um mich her antreffe. Er spricht vom »Himmelreich« oder von der königlichen Herrschaft Gottes, und er drückt damit aus, was wir heute die »wirkende Gegenwart« Gottes nennen würden, sei eine »tätige Nähe«, eine nahe Verlässlichkeit. Er sagt also: Diese wirkende Nähe Gottes »ist gleich einem Senfkorn, das ein Mensch nahm und in seinen Acker säte. Es ist das kleinste von allen Samen. Wenn es aber gewachsen ist, ist es größer als alle Sträucher und wird zu einem Baum, sodass die Vögel kommen und in seinen Zweigen wohnen.« Damit aber sagt er nicht nur darüber etwas aus, wie es zugeht, wenn wir Menschen mit Gott zu tun bekommen, dass da nämlich etwas in uns wachsen und reifen soll, sondern auch etwas über das Himmelreich selbst: dass es dort nämlich so etwas wie ein Gesetz des Wachstums gibt. Ein Gesetz der Anfänge und der Zielgestalt und eines allmählichen Weges vom einen zum anderen.

Oder: »Das Himmelreich ist einem Sauerteig gleich, den eine Frau nahm und unter drei Scheffel Mehl mengte, bis alles ganz durchsäuert war.« Damit sagt Jesus nicht weniger als dies, dass da eine ganz andersartige Wirklichkeit als die unsere eindringt in diese Welt und sie durchwirkt und dabei umgestaltet. Dass sie also keineswegs etwas »ganz Anderes« ist, sondern unserem Dasein so weit verwandt und so weit auf es abgestimmt, dass es unsere Welt durchdringen und verändern kann.

Jesus sagt auch: »Wenn ein Mensch hundert Schafe hätte und eines unter ihnen sich verirrte – lässt er nicht die neunundneunzig auf den Bergen und geht hin und sucht das verirrte? So auch ist es nicht Gottes Wille, dass einer von diesen Kleinen verlorengehe.« Damit sagt er nicht weniger, als dass es Sinn habe, Verhaltensweisen von Menschen und Verhaltensweisen Gottes in Beziehung zueinander zu setzen und das Zweite vom Ersten her zu begreifen. Er sagt: »Niemand zündet ein Licht an und verdeckt es mit einem Gefäß oder stellt es unter eine Bank, vielmehr setzt er es auf einen Leuchter, damit der Besucher das Licht sieht. Denn nichts ist verborgen, das nicht offenbar werden wird, und nichts Heimliches, das nicht kundwird.« Damit sagt er nicht weniger, als dass uns Menschen zugedacht ist, dass der Horizont unseres Verstehens wachsen kann, dass die unsichtbare Welt sich uns erschließen und uns also ein Licht aufgehen wird, wenn wir nur die Augen öffnen.

Mit alledem aber sagt Jesus: Weißt du eigentlich, wie lebendig, wie farbig dein Leben sein kann? Und wie viel Wahrheit, wie viel Schönheit und Frieden in dich einkehren können, wenn du anfängst, Bilder zu sehen, wie man Worte hört, und Erfahrungen zu machen, die sich wie Worte an dich wenden? Und er fügt hinzu: »Wer es fassen kann, der fasse es!«

Gott und seine Welt – damals wie heute

Das Reich Gottes ist Zukunft. Es ist ebenso sehr Gegenwart. Wo immer Menschen sind, die ihm dienen, ist es da. Wo immer Menschen wissen, dass ohne Gottes Willen »kein Haar von ihrem Haupt« fällt, wo sie also im schützenden Umkreis der Macht Gottes leben, wo immer im Namen Gottes geliebt und gelitten wird, ist es da. Was später geschehen wird, geschieht jetzt schon mit. Was jetzt geschieht, ist für die Zukunft wirksam.

Nun fällt auf, dass Jesus das »Reich der Himmel« nie beschreibt. Seine Zeitgenossen taten es gerne und ausgiebig und gingen dabei mit Glanz und Herrlichkeit verschwenderisch um. Für Jesus ist am Reich Gottes im Grunde immer nur wichtig, dass es die Nähe Gottes ist. Auch das Wort »Himmel« nennt keinen Ort, es ist im Grunde nichts weiter als ein scheuer, ehrfürchtiger Name für Gott selbst. Jesus sagt »Reich Gottes« und meint die göttliche Fülle, in der unser Dasein und das Ganze der Welt ihr Ziel finden sollen. Und wenn Menschen nach dem »Reich« streben sollen, dann sollen sie nach dem sich ausstrecken, was in der großen Verwandlung der Welt Bestand haben wird.

Es fällt weiter auf, dass Jesus nie das Reich Gottes selbst zeigt, sondern immer nur seine Spiegelung in den

Menschen. Er sagt nicht: Es gibt da über dir oder ferne in der Zukunft ein Reich Gottes, sondern: Das Reich ist nahe, darum handle! Ändere dich! Sei wach! Sieh zu, dass du etwas Gerechtes, etwas dem Reich Gemäßes auf dieser Erde schaffst; das Übrige, auch die Einsicht in das Geheimnis des Gottesreichs, wird dir zufallen.

Und endlich: Dieses Reich ist ein Reich Gottes. Das bedeutet, dass es nicht machbar ist. Nicht durch Menschen. Man richtet das Reich Gottes auf dieser Erde nicht dadurch ein, dass man von Liebe spricht oder vom Vater überm Sternenzelt. Auch nicht dadurch, dass man unter den Menschen Zustände herstellt, die das Reich Gottes abbilden. Der Mensch macht Gott nicht. So macht er auch nicht seine Nähe. Sozialpolitik, Sozialethik, Sozialpädagogik sind unentbehrlich, aber sie bauen das Reich Gottes nicht. Dem steht nicht nur die Heiligkeit Gottes im Wege, an der der Mensch sich nicht vergreifen soll, sondern auch das Herz des Menschen. Dass aber das Menschenherz, das sich der Nähe Gottes versperrt, diesem Gott eines Tages Raum geben wird, dass es sich in seinem Leiden, Lieben und Glauben, so zwiespältig sie sein mögen, schon einzuüben vermag in jenes letzte, notwendige Raumgeben – dieser kühne Glaube liegt in dem Wort vom »Reich«.

Und da beginnt uns die Sache zu verwundern. Das soll wahr sein, dass diese zerklüftete, zerrissene Welt einer neuen Gestalt entgegengeht? Dass diese Erde, auf der der Kampf aller gegen alle tobt, sich in ein Reich verwandeln wird, in dem Gottes Wille gilt? Dass das Herz des Menschen dem Willen Gottes Raum gibt und anfängt, mit anderen Menschen zusammen Gerechtigkeit zu suchen? Dass die armseligen Versuche, ein wenig Güte, ein wenig

Frieden im Umkreis menschlichen Daseins zu schaffen, Wurzel schlagen sollen, wachsen, reifen und schließlich Ernte sein, das ist kühn.

Gewiss, so weit reicht unser Verständnis: Vor unserer Hand sind Aufgaben. Wir sollen ein Stück Welt verändern, so, dass Menschen sich finden, die getrennt waren, dass Menschen geschützt sind, die ohne Schutz zugrunde gehen; wir sollen denen Wege zeigen, die keinen Weg wissen, oder den Versklavten Freiheit bringen. Aber dass in diesem Bemühen Zukunft liegt, dass darin die Ankündigung einer neuen Welt liegt, das ist es, was die Menschheit, seit Jesus über diese Erde ging, an dem fremden Wort vom »Reich Gottes« ergriffen und nicht mehr losgelassen hat.

Das Reich Gottes – und was wir Menschen dafür tun können

Solange Gott Zeit hat, ist Zeit. Solange Gottes Zeit währt, gilt es, Geduld zu bewahren, auf die reine Kirche zu verzichten, das Unzulängliche zu dulden, die Saat wachsen zu lassen und die Entscheidung, wen Gott in seine Ernte einbringen werde und wen nicht, ihm selbst zu überlassen.

In der Zeit bis dahin gilt es, die Gottesherrschaft in einfachen und bescheidenen Vorversuchen abzubilden. Das Reich Gottes wird die Entlastung des von Schuld belasteten Menschen bringen, also gilt es, belasteten Menschen schon auf dieser Erde ihre Schuld abzunehmen. Im Reich Gottes wird keine Schuld mehr sein, keine Erinnerung an

Verfehlen und Versagen, also gilt es, Verfehlen und Versagen und ihre Folgen behutsam zu überwinden.

Im Reich Gottes wird nichts bleiben, wie es war. Was verborgen war, wird vor aller Augen sein. Die Verhältnisse auf dieser Erde aber sind der Art, dass sie umgekehrt werden müssen, wenn sie sich zum Bild der Hoffnung eignen sollen, denn die Letzten werden die Ersten, die Niedrigen werden erhöht, die Toten lebendig. Die Überprüfung der Verhältnisse auf dieser Erde und, soweit es hilfreich ist, ihre Umkehrung können Zeichen der Hoffnung auf das Gottesreich sein.

Der Einbruch des Reiches Gottes wird sich als »Gericht« vollziehen. Gut und Böse werden sichtbar, Recht vom Unrecht geschieden. Wem nur er selbst wichtig war, der wird sich allein finden. Wer sich nach Heimkehr sehnte, wird heimkehren. Denn Buße ist bei Jesus, anders als im Judentum, keine Neuverpflichtung auf das Gesetz, sondern die einfache, sehnsüchtige, dankbare Heimkehr in das Haus des Vaters. Wer im Vertrauen auf den Vater die Heimkehr sucht, gegen seinen Stolz, der braucht, so Jesus, das Gericht über seine Taten nicht zu fürchten.

Das Reich Gottes wird ein Fest sein, ein Fest der Freiheit im ewigen Zuhause. Mit dem heimkehrenden Menschen aber mündet die ganze Schöpfung in ihre ursprüngliche Lebendigkeit ein. Wer das Reich auf dieser Erde abbilden will, wird ein Liebhaber des Festes sein, der Fröhlichkeit und leibhaften Freude.

Nach Jesus ist beides wahr: Das Reich ist gegenwärtig, und es gibt Menschen, die in ihm leben. Und das Reich ist zukünftig, es ist das Fremde, Geheimnisvolle, das mit allen Bildern und Gleichnissen nicht zu beschreiben ist.

Aber wenn Jesus vom Reich spricht, versucht er nicht, das Unerklärliche dennoch zu erklären, sondern verweist darauf, dass der Mensch die Gestalt eines Wartenden anzunehmen habe.

Wer dem anderen die Backe hinhält, ist nicht nur, wie wir heute sagen würden, der bessere Psychologe, er tut etwas Umstürzlerisches zugleich. Er geht davon aus, dass dies alles, die Ordnung unter den Menschen, ihre Rechtsbegriffe, ihre Ehre, ihre Verhaltensweisen, im Vergehen sei und also nicht aktuell. Nicht des Aufhebens wert. Er merkt dabei, dass nicht nur das gewohnte Verhalten nicht mehr »fasst«, sondern auch die Denkgewohnheiten, die wir für gültig hielten, nicht mehr zuständig sind, und vielleicht schwindelt ihm ein wenig dabei. Was heißt »Zeit«, was heißt Vergangenheit, Gegenwart und Zukunft, wenn zwischen jetzt und künftig nicht mehr geschieden werden kann, wenn so viel von dem, was durch Menschen in der Zukunft noch geschehen wird, im Grunde schon vergangen ist? Was heißt »Raum«, wenn das Drinnen und das Draußen, das Hier und das Dort, das Kleine und das Große ineinander übergehen, als seien alle Maße verloren?

Was bleibt uns? Die Gespanntheit, die Zuversicht, die Entscheidungskraft angesichts des Zukünftigen, um das es heute geht.

Gott – Vater, Sohn und Heiliger Geist?

In vielen Bildern, die nur schwer zu verbinden sind, suchen wir zu deuten, wer Gott sei. Die alte Kirche löste die Schwierigkeit so, dass sie vom »dreieinigen Gott« sprach, und wir verstehen die Energie, mit der sie diesen Gedanken festhielt. Denn alle Versuche, einen einfachen Glauben an Gott, den Vater, festzuhalten, sind am Ende daran gescheitert, dass der »Vater« eben nicht so einfach festzuhalten war. Jedes christliche Gottesbild, das die Schwierigkeiten einer Lehre von der Dreieinigkeit bisher hat vermeiden wollen, lief aufs Unernste, aufs Beliebige hinaus. Es ist in der Kirche bisher noch kein Bild von Gott abseits dieser Lehre gezeichnet worden, das nicht am Ende auf ein lebloses Gedankending oder einen harmlosen »Vater überm Sternenzelt« hinausgelaufen wäre. Wir sichern den echten, klaren, ernsten Monotheismus im Sinne Jesu nur so, dass wir im Bild Gottes jene drei einander widersprechenden, einander scheinbar ausschließenden Aspekte zusammensehen und sagen: Der Gott, der schlechthin da ist, umfassend und nahe und nie abwesend, ist Gott ganz und Gott allein. Der Gott, der nicht einfach da ist, sondern kommt und geht, der in sein Eigentum kommt und dort doch ein Fremdling bleibt, der in einem begnadeten Augenblick nahe und sonst ferne ist, der auf Erden ist und doch im »Himmel«, ist Gott ganz und Gott allein. Der Gott, der nicht nur außen, sondern auch innen ist, in uns selbst, der uns gnadenhaft zu eigen wird, den wir nicht nur vernehmen oder schauen, sondern der in uns wohnt, wenn er es will, dessen Teil wir sind, ist Gott ganz und Gott allein.

Niemand kommt zu einem »Gott überhaupt«, er kann nur zum Vater kommen. Niemand kommt zum Vater, es sei denn durch Jesus Christus. Niemand kann Jesus Christus, wie die Urgemeinde sagte, einen Herrn heißen außer durch den Heiligen Geist.

Aber warum spricht man immer wieder von den »drei Personen« in Gott, so als handelte es sich um drei Götter? Genügte es nicht, von Färbungen im Bild Gottes zu sprechen, von Lichtern, von Aspekten oder wie immer?

Die alte Kirche sprach von den drei Personen in Gott, gewiss. Aber es ist nicht neu, sondern längst bekannt, dass das Wort »Person« damals nicht dasselbe meinte, was wir meinen, wenn wir »Person« oder gar »Persönlichkeit« sagen. Das Wort kommt aus der Bühnensprache. Es hängt mit »hindurchtönen« zusammen und bezeichnet die Maske, die der Schauspieler trug und durch die er »hindurchtönte«. Es bezeichnet von da aus auch die Rolle, die er zu spielen hatte. Das Wort meint also, Vater, Sohn und Geist seien verschiedene Weisen, in denen der eine Gott auf der Bühne dieser Welt auftrete. Das griechische Wort, das dem lateinischen »Person« entspricht, heißt »prosopon« und bedeutet dasselbe: ein uns zugewandtes Gesicht, aber auch die Maske oder Rolle des Schauspielers. Beide Wörter meinen, was auch Luther meinte, wenn er von dem »Mummenschanz« oder den »Masken« Gottes sprach, dass uns nämlich in jeder Gestalt und jedem Gesicht Gottes immer nur der eine und selbe Gott begegne.

Wir glauben also an den dreieinigen Gott, weil er uns so begegnet. Wir glauben an den einen Gott, weil wir in jedem »Gesicht«, jeder »Gestalt« Gottes immer Gott selbst begegnen. Wir glauben so, weil Gott, der seine Gedanken in uns denkt, unsere Gedanken so will und weil es nicht in unserem Belieben liegt, in charakteristisch moderner Selbstüberschätzung zu meinen, wir könnten die frühe »Stufe« des alten christlichen Denkens, weil sie unserer Reife nicht mehr entspreche, hinter uns lassen. Hinter die Bilder von Gott gelangen zu wollen, ist nach Luther eine Arroganz, die »auf den Wolken fahren und auf dem Winde reiten will«.

Drei Gesichter, eine Wesenheit Gottes – das ist nicht die himmlische Mathematik, über die Mephisto in Goethes Faust spottet, sondern die einzige Weise, in der Gottes Geheimnis zugleich geschützt und offenbart werden kann. Wir verzichten darauf, das »Wesen« Gottes selbst beschreiben zu wollen. Wir bleiben an der Grenze stehen, an der alles Nachdenken eines Menschen über Gott stehen zu bleiben hat, nämlich dort, wo Gott selbst sich vernehmbar macht. Der ganze Scharfsinn der Kirchenväter, der uns heute spitzfindig und unverständlich zu sein scheint, hatte eben den Sinn, die Grenze zu markieren, an der das menschliche Nachdenken stehen zu bleiben habe, und das Geheimnis Gottes endgültig zu schützen gegen menschliche Gedankenkonstruktionen und Gedankenspiele.

Wenn wir bekennen, wir glaubten an Gott, dann meinen wir nicht irgendein fremdes, geistiges Wesen, sondern ein Du, das uns nahe ist und sich uns zuwendet. Diese seine Nähe und Zuwendung deuten wir in Bildern. Dies aber ist der Sinn jedes angemessenen Umgangs mit einem echten Bild, dass wir behutsam und im Bewusstsein unseres Abstandes uns dem nähern, was mehr ist als das Bild – das nämlich, was es zugleich verhüllen und zeigen will. Ein echtes Bild lässt aufleuchten, was durch es hindurchscheinen will, und vor einem echten Bild bleiben wir am Ende als Betroffene stehen. Ein Bild kann uns ändern. Und so lassen wir auch das alte Dogma stehen wie so manchen fremden Gedanken, der von weither kommt, wohl wissend, dass es ein menschlicher Versuch ist. Wir lassen es gelten und verharren ehrfürchtig vor der Wirklichkeit, die es uns deuten will.

In allen drei Weisen, in denen wir von Gott sprechen, ist Gott der Kommende, der Wirkende und Wirksame, der Schaffende und Verändernde, und wir nähern uns ihm, wir empfangen ihn in der Weise, wie man Gott und nur ihn empfängt: anbetend, bittend, dankend, hörend, schauend, bereit, das eigene Leben und den eigenen Willen zu ändern. In jedem Gottesdienst beten wir das Vaterunser. Um den Tisch des Sohnes sammeln wir uns im heiligen Mahl. Im Vertrauen auf den Geist taufen wir unsere Kinder oder lassen wir uns selbst taufen. Und mit alldem wenden wir uns dem einen Gott zu, glauben wir den einen Gott.

II

Bruder, Heiler, Gastgeber und Heimatloser

Wer war Jesus?

Heimatlos und doch zu Hause

Eines Tages trat einer zu Jesus und sprach: Meister, ich will dir folgen, wohin du gehst. Jesus gab zur Antwort: »Die Füchse haben Gruben, die Vögel des Himmels haben Nester. Ein Mensch wie ich hat keinen Ort, sein Haupt niederzulegen.« (Matthäus 8,19–20)

In der Tat: Als Jesus einmal über Geld sprach und eine Münze vorzeigen wollte, musste er sie borgen; als er am See zu den Menschen redete, ein Boot. Um in der Wüste hungernde Menschen zu sättigen, ließ er sich Brote und Fische von anderen reichen. Als er nach Jerusalem einzog, borgte er sich einen Esel; als er mit den Seinen feiern wollte, einen Saal, und noch im Tod hatte er kein eigenes Grab.

Ähnlich erzählte man über seine Herkunft. Als er zur Welt kam, hatte seine Mutter weder Kammer noch Wiege für ihn. Tiere ließen ihm Raum in Stall und Krippe, zwischen Rindern und Schafen, zwischen Händlern und Kameltreibern lag er, ein Kind armer Leute. Die Ersten, die sich für ihn interessierten, waren Schafhirten, Leute ohne bürgerliches Ansehen, die Proletarier seiner Zeit. Als er kaum zwei Jahre alt war, hatte sein Vater kein Haus für ihn, als Flüchtling war er unterwegs in ein fremdes Land, und in Nazaret wohnte der Sohn des Bauhandwerkers in einem Erdloch. Wer je die Wohnhöhlen in Nazaret gesehen hat, ahnt die unendliche Armut, aus der Jesus kam. Ehe er, dreißig Jahre später, an die Öffentlichkeit trat, schlug er alles aus, was ihm hätte den Erfolg sichern können: Macht, das Brot für die Massen, den Reiz des Außergewöhnlichen. Ehe er begann, war klar, dass er scheitern würde. Als er zum ersten Mal in seinem Heimatdorf auftrat, trieben sie ihn hinaus, um ihn von einem Felsen zu stürzen. Seine Familie hielt ihn für geisteskrank, und das bedeutete für Menschen jener Zeit: für besessen von einer bösen Macht, wohl gar vom Teufel selbst.

Nur einmal versuchten die Galiläer, die ihm anhingen, ihn zum König auszurufen, aber er ging unbemerkt aus dem Gedränge und entzog sich der Begeisterung der Stunde. Nach drei Jahren, manche meinen, nach einem einzigen, war alles zu Ende. Ohne sich zu wehren, ohne auf sein Recht zu pochen, ohne den Versuch, seine Gegner zu überzeugen, ging er in den Tod. Nur dem Willen Gottes, seines Vaters, gehorsam, ließ er sich ans Kreuz schlagen.

Sein Volk stieß ihn aus. Die Frommen hielten ihn für einen Feind ihres Glaubens. Ein Amt hatte er nicht, auch nicht das eines Schriftgelehrten. Seine soziale Herkunft war nicht nur gering, sondern auf irgendeine Weise anrüchig. Die politischen und religiösen Strömungen seiner Zeit gingen in eine Richtung, die nicht die seine war. »Ein Mensch wie ich ist heimatlos«, sagte er von sich selbst. Er blieb einsam, begleitet nur von einer Handvoll Gefährten, die ihn halb oder gar nicht verstanden, am Ende von allen verlassen außer von drei Frauen, die aus der Ferne bei seinem Sterben aushielten.

Und was sah der Zeitgenosse, der ihn nur vom Hörensagen oder vom flüchtigen Sehen kannte? Zumindest wenig Bemerkenswertes. Dabei wimmelte das Land von auffälligen Gestalten. Weiß gekleidete Mönche warteten in der Wüste auf den großen Endkampf zwischen Licht und Finsternis. Am Tempel walteten die Priester in prächtigem Ornat ihres Amtes. Propheten und Einsiedler wie Johannes der Täufer predigten in der Wüste, die einen verkündigten das Heil durch vegetarische Lebensweise, die anderen die Buße vor dem nahen Weltgericht. Politische Heilbringer rissen – alle paar Jahre – die Schwerter heraus, um die Römer zu vertreiben, und alle paar Jahre standen neue Kreuze in der Landschaft, an denen wieder eine Hoffnung Israels zugrunde ging.

Aber wer war Jesus? Er tat, was viele taten: Er lehrte, er heilte, er zog diskutierend durch das Land. Er aß und trank und war gekleidet wie ein normaler Mensch. Er war für den ersten Blick so normal, dass spätere Zeiten immer wieder Mühe hatten, zu begreifen, warum eigentlich man ihn kreuzigte.

Auf den zweiten Blick erscheint er noch immer als ein Mann wie unzählige andere, aber nun in aller Unauffälligkeit von einer atemraubenden Freiheit und Kühnheit und von einer Unbestechlichkeit, von der zweitausend Jahre nichts haben verwischen können, und als dieser bedingungslos freie Mensch der Stifter einer Bewegung, die seit Jahrhunderten Generation um Generation inspiriert, wenn nicht beherrscht hat, der Wegweiser in eine neue Welt, wie Verschiedenes auch immer die Menschen von einer neuen Welt erhoffen mochten.

Noch dieser zweite Blick bietet eine vertraute Gestalt: den großen Menschen, den Religionsstifter, den Pionier der geistigen Entwicklung der Menschheit. Es bedarf eines dritten und vierten Blicks und eines langen Hinsehens, bis uns aufgeht, wie ganz und gar anders dieser Mensch war, wie wenig solche Worte wie »großer Mensch« oder »Religionsstifter« ihn treffen, wie fremd er in einer uns fremden Landschaft steht, und bis uns eine Ahnung davon aufgeht, wer er in Wahrheit war.

Jesus, der Gastgeber

Wir fragen nach unserer europäischen Gewohnheit: Was ist denn ganz sicher geschehen? Was hat dieser Jesus wirklich gesagt und getan, wenn wir alle Legenden und Mythen auf die Seite räumen? Wir finden: Unbestreitbar geschichtlich ist zum Beispiel, dass Jesus in seiner Heimat Galiläa als Lehrer umhergezogen und dabei auf eine ungewöhnliche und anstößige Weise als Gastgeber an fremden Tischen aufgetreten ist.

Etwa so können wir es uns ausmalen: Auf seinen Wegen durch Galiläa, irgendwo am See, in den Hügeln um Nazaret oder den Bergen von Obergaliläa kommt Jesus des Mittags oder des Abends in ein Dorf. Die Leute haben von ihm gehört, das Dorf kommt in Bewegung, irgendwo bildet sich ein Kreis von Zuhörern. Jesus redet. Ein Gespräch findet statt. Am Ende lädt ihn jemand zum Essen ein.

Betritt nun Jesus auf solche Weise das Haus eines frommen und gesetzestreuen Pharisäers, so sind seine Begleiter mit eingeladen. Aber darüber hinaus kann es geschehen, dass Leute, die nicht eingeladen sind, mit hineindrängen und dass Jesus unversehens zum eigentlichen Gastgeber wird.

Betritt Jesus aber das Haus eines, der nicht zu den Gesetzestreuen gehört, dann füllt das Haus sich mit all denen, die bei den Gastmahlen der Frommen nicht erwünscht sind: den Armen, den Ungebildeten, den Sündern oder Sünderinnen, den Tagelöhnern oder gar den Zöllnern, die vom Volk Israel ausgeschlossen sind. Jesus speist mit seinen Begleitern, und jedermann hat Zugang zu seinem Tisch. Das ist höchst ungewöhnlich. Denn

Tischgemeinschaft bedeutete eine Ehrung des Gastes. Wer einen Gast einlud, bot ihm Frieden an, gewährte ihm Vertrauen, schloss mit ihm Bruderschaft. So war es im Orient seit Jahrtausenden, so ist es, wo noch orientalisch empfunden wird, bis heute. Und nicht nur das, der Fremde erhielt auch teil an der Gottesbeziehung des Hausherrn. Der Hausherr sprach den Lobspruch über dem Brot, dann brach er es und verteilte es unter die Gäste. Wenn Jahre später die Jünger in einer Ostervision Christus an der besonderen Weise erkannten, »wie er das Brot brach«, dann weist dies nicht so sehr auf das letzte Abendmahl in Jerusalem zurück, vielmehr muss das Brotbrechen bei den täglichen Mahlzeiten am Tisch Jesu etwas Besonderes und Charakteristisches gewesen sein. »Und siehe, als er zu Tisch saß, kamen viele Zöllner und Sünder und saßen mit Jesus und seinen Jüngern zu Tische.« (Matthäus 9,10)

Als er einmal auf Johannes den Täufer angesprochen wurde, sagte er: »Mit wem soll ich dieses Volk vergleichen? Kindern, die nicht wissen, was sie wollen! Die auf den Märkten sitzen und einander anflennen: Wir spielen Hochzeit – und ihr wollt nicht tanzen! Wir singen Klagelieder – und ihr wollt nicht trauern! Johannes kam, aß nicht und trank nicht, und sie sagen: Er hat einen Teufel! Nun komme ich, esse und trinke, und sie sagen: Schaut! Ein Fresser und Weinsäufer, Kumpan von Ausbeutern und Gesetzlosen!« (Matthäus 11,16–19)

Es muss an den Mahlzeiten Jesu etwas Festliches gewesen sein, etwas Fröhliches, das einen bestimmten Grund hatte: »Einmal kamen die Jünger des Johannes zu ihm und fragten: Warum fasten deine Jünger nicht, da doch wir und die Pharisäer fasten? Jesus antwortete: Hochzeitsgäste können nicht fasten, solange der Bräutigam unter ihnen ist. Es werden Tage kommen, da wird man ihnen den Bräutigam nehmen. Dann werden sie fasten.« (Matthäus 9,14–15)

Das Bild vom »Bräutigam« zeigt es – zu gefüllt mit Hoffnung ist dieser Vergleich dem Juden der Zeit Jesu: Da wird nicht nur ein Essen eingenommen. Da wird eine Hochzeit gefeiert, die Hochzeit Gottes mit seinem Volk, das Fest der Errichtung des Gottesreichs unter den Menschen. Da ist der Tisch frei für jeden, der mitfeiern will, und am Tisch versammelt sich weder die religiöse Elite noch der soziale Kehricht, sondern das neue brüderliche Gottesvolk der Armen und der Reichen, der Gerechten und der Ungerechten. Man feiert in der Begeisterung, vielleicht gar in der Ausgelassenheit der Stunde den Tag voraus, an dem Gott wieder seinem ganzen Volk nahe sein wird. Nicht weniger drückte man aus als die große Hoffnung Israels.

Jesus, der Liebhaber der Armen

Das Fest der Tischgemeinschaft mit Jesus bezog auch jene ein, die von der Hoffnung Israels ausgeschlossen waren. Es ist bei Jesus, und nicht nur bei seinen Gastmahlen, ein deutlicher »Zug nach unten« spürbar. Er nimmt Partei, und zwar klar und konsequent, für die am Rande der Gesellschaft.

Jesus war kein Königssohn wie Buddha, der freiwillig arm wurde. Er ist vielmehr unter den Armen aufgewachsen. Der Stall von Betlehem hat, mag die Weihnachtsgeschichte noch so farbig mit Legenden ausgemalt sein, seinen geschichtlichen Sinn. Eine solche Herkunft erfindet man nicht, wenn man einen Großen der Geschichte ehren will. Die Legende hat keine Farben für das Elend. »Der Stall am Anfang und der Galgen am Ende – das ist aus geschichtlichem Stoff«, sagt Ernst Bloch. Als die Eltern das Kind im Tempel darstellten und nach der Vorschrift ihr Opfer brachten, legten sie dem Priester zwei Tauben in die Hand. Zwei Tauben – das war das Zugeständnis an die Armen. Die Leute, mit denen Jesus danach in Galiläa aufwuchs, gehörten großenteils zur Schicht der Tagelöhner, die man »die Masse vom Lande« nannte, der wandernden Schafhirten, der Landarbeiter. Dazu kamen, ein wenig selbstständiger, ein wenig besser gestellt, die Handwerker, die Fischer vom See.

Nicht, dass die Pharisäer und Schriftgelehrten von Galiläa reich gewesen wären. Sie waren in der Regel Handwerker, aber sie waren vom einfachen Volk durch ihre Bildung getrennt. Sie gaben in den Dörfern den Ton an. Sie wachten über die religiösen Traditionen und die Sitte und taten es, wie die Hüter der Religion es bis heute vorwiegend tun: mit Hilfe einer kleinbürgerlichen, ängstlichen Moral. Was erlaubt war, wurde durch jahrhundertealte, sorgsame Auslegung des Gesetzes und der Propheten bestimmt. Was verboten war, wurde mit rigorosen Sanktionen unterbunden oder verurteilt.

Es gab auch Reiche, zumal in den Städten. Sie zeichneten sich freilich in der Regel nicht durch Bildung aus. Zu beiden aber, den gebildeten Schriftgelehrten und den bildungslosen Reichen, wusste Jesus sich nicht gesandt. Seine Liebe galt vielmehr den Armen, den geistlich und den leiblich im Stich Gelassenen, den »verlorenen Schafen vom Haus Israel«, den Kleinen, den Einfältigen und

wie immer die Worte lauten, mit denen Jesus die kenn-
zeichnete, denen nach seiner Botschaft nicht nur seine
Liebe, sondern vor allem die Liebe Gottes galt.

Man darf sich vorstellen, dass die berühmten Seligprei-
sungen des Lukas – in denen nicht von den »geistlich
Armen«, sondern von den »Armen« die Rede ist – bei
solchen Tafelrunden gesprochen wurden. Vielleicht – ich
weiß es nicht – standen draußen am Zaun oder Hofein-
gang die Reichen, vielleicht sahen sie von den Nach-
barhäusern aus zu und hörten, wie Jesus sich an seine Tischgäste wandte: »Selig seid ihr Armen, denn das
Reich Gottes ist euer! Selig seid ihr, die ihr jetzt hungert,
ihr werdet satt sein. Selig seid ihr Weinenden, ihr werdet
lachen. Selig seid ihr, wenn euch die Menschen hassen,
wenn sie euch ausschließen und schmähen und verstoßen, als wäret ihr Verbrecher, weil ihr bei mir seid. Freut
euch, wenn euch das zustößt, und seid glücklich, denn
dasselbe taten eure Väter auch den Propheten.« Und vielleicht wandte sich Jesus an die Zaungäste: »Wehe euch
Reichen, keinen Trost werdet ihr finden! Wehe euch, die
ihr den Bauch voll habt, ihr werdet hungern! Wehe euch,
ihr Lacher, ihr werdet verzweifelt sein und weinen! Wehe
euch, wenn die Menschen euch rühmen und ehren, denn
das taten eure Väter von jeher den falschen Propheten.«
(Lukas 6,20–26)

In einer Rede an einen Vornehmen, der sich die Ehre
gegeben hatte, ihn einzuladen, akzentuierte Jesus dasselbe unüberhörbar: »Wenn du ein Mittag- oder Abendmahl
gibst, dann lade nicht deine Freunde ein, nicht deine Brüder, nicht deine Sippe, nicht die reichen Nachbarn. Die
haben das Geld, dich wieder einzuladen, und du wirst
für dein Gastmahl bezahlt. Wenn du ein Essen gibst,

dann rufe die Armen, Krüppel, Lahmen und Blinden. Dann bist du selig zu preisen, denn sie können es dir nicht vergelten. Deinen Lohn aber wirst du empfangen in der Auferstehung der Gerechten.« (Lukas 14,12–14)

Als danach einer der Gäste ausrief: »Selig ist, wer am Festmahl im Reich Gottes teilnehmen darf«, griff Jesus das Stichwort noch einmal auf: »Es war ein Mann, der bereitete ein großes Mahl vor und lud viele Gäste ein. Als die Stunde des Fests kam, schickte er seine Boten zu den Eingeladenen: Kommt! Es ist alles bereit. Aber jeder hatte eine andere Entschuldigung. Der erste ließ sagen: Ich habe einen Acker gekauft! Ich muss hinaus und ihn besehen. Ich bitte dich, entschuldige mich! Der zweite ließ sagen: Ich habe zehn Ochsen gekauft. Ich muss hingehen und sie abholen. Ich bitte dich, entschuldige mich! Der dritte ließ sagen: Ich habe eine Frau genommen, ich kann nicht erscheinen! Da kehrte der Bote um und berichtete alles seinem Herrn. Der wurde zornig und befahl: Schnell! Geh hinaus auf die Plätze und Gassen der Stadt, hole alle Armen und Krüppel, alle Blinden und Lahmen und führe sie herein! Als das getan war, meldete der Knecht: Was du befohlen hast, ist geschehen, es ist aber noch Platz! Da befahl der Herr dem Knecht: So geh auf die Landstraßen und an die Zäune und mache es dringlich! Hole sie alle herein, damit mein Haus voll wird. Ich sage euch: Von den Leuten, die zuerst geladen waren, wird keiner mein Festmahl kosten.« (Lukas 14,16–24)

Der letzte Satz klingt wie eine Kampfansage. In der Tat ging der Streit, der mit dem Tod am Kreuz endete, von den fröhlichen Gastmählern in den galiläischen Dörfern aus.

Jesus, der Heiler

Von Jesus wird erzählt, er sei durch die Städte und Dörfer Galiläas gezogen und habe zu den Menschen gesprochen, wie er sie eben fand, wie sie ihm begegneten oder sich an ihn wandten: »Als er sie sah, taten sie ihm leid, denn sie waren verlassen, verhungert und heruntergekommen, wie Schafe, die keinen Hirten haben.« (Matthäus 9,36)

Er sah sie krank. Er sagte nicht: Finde dich mit deinem Leiden ab!, sondern heilte die Krankheit. Er fasste Lahme an der Hand und richtete sie auf. Er berührte Blinden die Augen und gab ihnen das Licht. Er sah sie krank an ihrer Seele, beherrscht von dunklen Mächten, und machte sie frei.

Er sah sie alleingelassen und verstoßen, rief sie zu sich und nahm sie an seinen Tisch: die Ausgebeuteten, die Entrechteten, die Entehrten. Er suchte sie einzeln und sprach von dem einen Schaf der Herde, das sich verlaufen habe und wert sei, dass einer ihm nachgehe. »Ich bin gekommen«, sagte er, »die zu suchen und zu retten, um die sich keiner kümmert.« (Lukas 19,10)

Er sah sie mit sich selbst zerfallen, in Verfehlungen verstrickt, den Folgen ihrer Schuld ausgeliefert, unfähig zum Frieden mit sich selbst und anderen, unfähig zum Frieden mit Gott. Er nahm ihnen die Angst vor der Vergangenheit und die Angst vor der Zukunft, die Angst vor den irdischen Richtern und die Angst vor Gott, und half ihnen zu einem neuen Anfang.

Er sah die vielen, die aufgegeben waren von den Gerechten und Geordneten, und sprach von der Neugeburt schon erledigter Menschen aus der schöpferischen Güte Gottes. Er ließ die Menschen kommen, wie sie waren. Er schied nicht zwischen Guten und Bösen und sprach von dem Vater im Himmel, der seine Sonne scheinen lasse auf Gerechte und Ungerechte und regnen über beiden.

Wer zu ihm kam, brauchte nicht nachzuweisen, dass er sich geändert habe. Er empfing die Freiheit, sich zu ändern, und wurde mit dem Wort entlassen: »Geh in den Frieden!« Beende nun allen Krieg, dir selbst und den anderen gegenüber, denn Gott hat allen Unfrieden beendet, und du hast, wenn du mit mir sprichst, in Wahrheit mit Gott zu tun. Wenn ich dich annehme, darfst du glauben, dass Gott dich annimmt. Nimm nun auch du selbst dich an. Versuche, Gott dafür zu danken, dass du bist, wie und was du bist. Wie solltest du deinen Nächsten lieben können wie dich selbst, wenn du gegen dich selbst Krieg führst?

Wenn Jesus Menschen heilte, gab er ihnen damit ein Zeichen, das in ihnen die Hoffnung auf die große Veränderung aller Dinge wecken sollte, die Hoffnung auf das Gottesreich, dem der geheilte Mensch anzugehören bestimmt war. »Steh auf!«, sagte er zu dem Kranken auf seinem Lager. »Nimm dein Bett und geh!« Der Kranke stand auf, und wenn die Heilung zu ihrem eigentlichen Ziel kam, ging der Geheilte hin und dankte. Denn die Heilung war vollendet in der Dankbarkeit. Und diese Heilung, diese Neuschöpfung eines unversehrten Menschen ist möglich, sagt Jesus. Wenn du glaubst, ist der Weg frei.

Das Wort klingt kühn. Das Bestürzende an ihm aber ist dies, dass es auch nach zweitausend Jahren des Elends und der Leiden und unendlicher Enttäuschungen nicht widerlegt ist. Es erklingt nach wie vor, und wer es hört, kann es verstehen. Wenn aber hier Wahrheit ist und kein Traum, dann lohnt es, ein ganzes Leben daran zu wenden.

Jesus, der Mitleidende

Man kann natürlich, wie es die Menschheit seit Urzeiten getan hat, seine menschlichen Fragen an Gott richten: »Wozu soll das unermessliche Leid gut sein, das überall in unserer Welt erlitten wird, nicht nur unter Menschen, sondern unter allen lebendigen Wesen, im Verborgenen und in aller Öffentlichkeit?« Oder: »Warum trifft es mich, was habe ich getan, dass dies eine angemessene Strafe wäre?« Oder: »Warum spricht Gott nicht, wenn ich ihn anrufe? Ist er stumm, ist er taub? Ist er tot?« Oder: »Warum werden wir Menschen nicht gefragt, ob wir auf dieser Erde leben wollen? Und warum dürfen wir uns am Ende nicht selbst aus dieser Welt verabschieden?« Nein, wir müssen bleiben und aushalten und wissen nicht, wozu.

Und solche Fragen, so naiv sie oft gestellt werden, haben ihr abgrundtiefes Recht. Gerade sensible und nachdenkliche Menschen geraten dabei leicht an die Grenze der Schwermut. Und es hat wenig Sinn, ihnen vorschnell von der Liebe Gottes zu reden. Denn was sie suchen, ist nicht Trost mit Worten und nicht, was man Therapie nennt, sondern den Durchstieg durch die Zone der dunklen Fragen in eine Zone, in der etwas wie Erlösung, wie Befreiung geschieht. Dorthin, wo es glaubhaft wird, wenn Jesus von Gott spricht als dem großen Vertrauenswürdigen.

Aber Jesus ist nicht gekommen, um unsere Warum-Fragen zu beantworten, sondern um uns durch die dunkle Landschaft unserer Fragen zu begleiten. Er sagt nicht: Das ist die Lösung! Sondern: Ich bin da. Ich bin bei dir bis ans Ende, und damit sage ich: Gott ist bei dir. Er geht dir in meiner Gestalt voraus. Geh mit.

Es gibt Erfahrungen, mit denen wir uns an das Geheimnis der Begleitung durch einen verlässlichen Gott herantasten. Ich liebe besonders die frühen Morgenstunden, die noch in Nacht bestehen, in denen aber das Licht sich mit einer schmalen Helligkeit am Horizont andeutet. Ich stand oft auf irgendeinem Hügel vor Tag oder saß am Ufer eines Sees und sah dem Spiel des Lichts zu, wie es in einem Hauch von Helligkeit beginnt, wie die erste zarte Farbe ins Dunkel kommt. Wie sie sich an einem zarten Wolkenstreifen fängt und dann stärker wird. Dunkelrot, war dieses anfängliche Licht wichtiger als die große strahlende Sonne, die danach kam. Ich erlebte es beglückend, wie ich an einem Hauch von Licht verstehen konnte, was Licht ist. Das Licht zu glauben, dem Licht zu vertrauen, dass es kommen werde. Mich auf das Licht zu verlassen noch in der Dunkelheit. Und dabei auch zu verstehen, was Auferstehung aus dem Tode ist, Durchbruch des Lebens. Aufgang der Wahrheit über dem Land. Und auch das leise Entstehen eines Glaubens in mir selbst. Und so bin ich oft in meinen Tag hineingegangen mit einem guten Vertrauen auf die Verlässlichkeit dessen, der größer ist als ich selbst und mein kleines Schicksal auf dieser Erde.

Der Karfreitag hat seinen Namen von dem althochdeutschen Wort Kara, die Klage. Worüber werden wir klagen, wenn wir das Bild des sterbenden Christus vor Augen haben? Über das Ganze einer Welt, in der es möglich ist, dass dieser Mensch zu Tode kommt. Darüber, dass hier einer aus der Gemeinschaft der Menschen ausgestoßen und zu Tode gequält wird, der sein ganzes Werk dieser Gemeinschaft der Menschen zugewandt hat. Der seinen Willen, seine Freiheit, sein Recht preisgab, um das durchzustehen, was andere, was wir verdienen würden.

Wir werden darüber klagen, dass rund um diese Erde Menschen erleiden, was sie nicht verdient haben, jedenfalls nicht mit der Schrecklichkeit, in der sie zugrunde gehen.

Wir werden darüber klagen, dass viele Kreuze auf dieser Erde auch von unserer Schuld sprechen. Von meiner Schuld. Ich verursache sie mit durch die Weise, wie ich lebe, und ich kann doch kaum anders leben. Ich lasse sie geschehen mit der Weise, in der ich schweige. Ich nehme sie nicht wahr durch die Weise, wie ich die Augen schließe. Ich klage also über mich selbst.

Und indem ich klage, danke ich dem Mann, dessen Tod ich sehe. Er blieb bereit, als der Tod auf ihn zukam. Er hat sich nicht verweigert. Er ist seitdem überall, wo Tod ist. Er wird auch in meinem Tod da sein. Für mich. Mit mir. Und ich werde sehen: Es ist Gott, der mit mir ist.

Aber meine Klage wird praktische Konsequenzen haben. Ich werde mit offenen Augen sehen. Das Leiden der Menschheit wird mir zu Herzen gehen. Ich werde empfinden, was ich sehe. Und das ist eine einfache Regel, aber sie gilt: Wer empfinden kann, was er sieht, der wird tun, was er kann.

Jesus, der Gleichniserzähler

Jesus hat, was ihm am wichtigsten war, vor allem in Geschichten gefasst. Und viele seiner Geschichten beginnen mit der Aufforderung: »Schau!« »Sieh!« »Tut die Augen auf!« Stell dir plastisch vor, was ich erzähle. Und schau durch das, was ich erzähle, auf das hin, was zwischen Gott und dir geschieht, was da geschehen kann und vielleicht schon geschehen ist. Und dann schau in dich selbst, wenn ich rede von etwas, das in dir geschehen kann und will.

Einmal erzählte er: »Hört! Ein Bauer ging auf seinen Acker, um zu säen. Als er die Saat auswarf, fiel ein Teil der Körner auf den Weg, und die Vögel kamen und pickten sie auf. Ein anderer Teil fiel auf felsigen Grund, wo wenig Erde war. Weil die Saat an der Oberfläche lag, ging sie bald auf. Als aber die Sonne höher stieg, welkte sie, weil die Wurzeln zu wenig Erde hatten. Einiges fiel in ein Gestrüpp, und die Hecken wuchsen auf und erstickten es. Das übrige aber fiel in gute Erde und gab Frucht hundertfach oder sechzigfach oder dreißigfach. Wer Ohren hat, höre!« (Matthäus 13,1–9)

Nachträglich erläuterte Jesus, was er damit sagen wollte: Der Acker bist du, Mensch, der felsige Grund, auf dem nichts wächst, bist auch du. Oder der harte Boden des Weges oder die Hecken oder auch die gute Erde. Alles das bist du oder kannst du sein. Das Korn ist das Wort, das ich dir sage. Die Frucht, die im Grunde des Ackers wächst, ist das Reich Gottes.

Denk noch einmal an das Weizenkorn: Es wächst in deiner Seele, die der Acker ist. Es wächst in demselben Grund, in dem neben dem Getreide auch das Unkraut gedeiht. Aber das Unkraut auszureißen könnte bedeuten, dabei das Getreide aus dem Acker mit auszureißen. Darum geh sorgsam um auch mit dem, was dir in dir selbst nicht gefällt. Du musst wissen, dass der Bauer, der du auch bist, wenn du dich mit deiner Seele beschäftigst, zum Wachstum der Saat nichts beitragen kann. Das Reich Gottes wächst in dir von selbst, wenn du ihm den Raum und die Zeit lässt.

Die Erde bist du, sagt Jesus. Der Same ist das Wort, das von Gott her in dich hinein ergeht, das Gott in großer Stille in deine Seele hinein spricht. Lass ihm Raum. Lass es wachsen. Was in dir reift, ist die Nähe Gottes. Damit aber spricht Jesus – und das ist von größter Wichtigkeit – in einer Sprache, wie wir sie aus vielen Bildern und Gleichnissen der mystischen Frömmigkeit kennen. Im Grunde offenbart er sich selbst dabei als Mystiker. Aber was hat man sich Mühe gegeben, dies nicht anerkennen zu müssen! »Das Reich Gottes ist innen in euch«, lesen wir. Was hat man nicht alles daran gesetzt, dem Wort »innen« einen anderen Sinn zu geben! Man hat schon gesagt, das heiße »in eurer Mitte«, also in eurem gemeinsamen Leben, »unter euch«, »zwischen euch«.

Aber wenn Jesus dasselbe Wort »inwendig« oder »innen« gebraucht, wenn er sagt: Mach zuerst das »Innere des Bechers« sauber ... (Matthäus 23,26), dann sagt er damit ja nicht: »Mach sauber zwischen den Bechern«, sondern sehr genau: »Mach die Becher innen sauber.« Über solche Ausflüchte, die das Mystische an der Lehre Jesu wegblenden wollten, sind wir, meine ich, hinweg. Was da steht, heißt nun einmal »innen«. »Inwendig«, wie Luther richtig übersetzt. Das Reich Gottes also ist eine Gewalt, die mein Herz ergreift und von innen nach außen drängt und wirkt. Ein apokryphes Jesuswort sagt: »Die Königsherrschaft Gottes ist in euch, und wer sich selbst erkennt, wird sie finden.«

Wenn wir also nicht nur »Gottes Reich« suchen, sondern mit ihm Gott selbst, dann gehen wir nach den Gleichnissen, die Jesus uns zeigt, in uns selbst hinab und horchen, was das Wort sagt, das innere, das Wort von Gott. Wir hören: Geh hinunter, so tief es geht, in dich selbst. Steige die lange Wendeltreppe ab, Runde um Runde, bis du wirklich in dir selbst bist, und dann horch! Denn dich soll das Wort finden, das in dir Wurzeln schlagen soll. Du bist der Acker, in den es fällt. Vielleicht sprichst du dir dabei eines dieser Gleichnisse so lange vor, bis dich das Wort gefunden hat und Gott näher ist, größer, deutlicher, spürbarer und aus Gott das entsteht, was Jesus »das Reich« nennt, die große, von Gott gewährte Nähe zwischen ihm und dir.

Bei alledem freilich gilt es, einen Irrtum zu vermeiden. Er würde alles sinnlos machen: Der Gott, dessen Stimme wir hören, sind nicht wir selbst. Es ist derselbe Gott, der in irgendeiner fernen Milchstraße wirkt und der in uns spricht. Wir sollten uns also nicht wichtiger nehmen, als wir tatsächlich sind, und uns einsetzen für das, was größer ist als wir selbst, größer in unserem Geist als unser Geist, größer in unserer Seele und lebendiger als unsere eigene Seele.

So erzählt Jesus von einem Bauern, der etwas fand, das so wertvoll war, dass er alles verkaufen musste, was er hatte, um es zu gewinnen. Er stieß in einem Acker, den er pflügte, auf einen vergrabenen Schatz. Aber der Acker gehörte nicht ihm; so deckte er den Fund wieder zu, ging nach Hause, verkaufte seinen ganzen Besitz und kaufte dafür den Acker. Er machte sich den Acker zu eigen, um zu gewinnen, was mehr war, als er je hätte gewinnen können.

Wenn du also Gott in dir selbst findest, so höre ich Jesus sagen, wenn du ihn hörst in dem inneren Wort, das in deiner eigenen Tiefe ergeht, dann findest du damit etwas unendlich Kostbares. Eine Lebenskraft, die die deine übersteigt. Eine Klarheit, die du nicht aus dir selbst hast. Ein Vertrauen und einen Glauben, zu dem du von dir selbst aus die Kraft nicht hättest. Sage also: Ich bin ein Ort Gottes. Und mehr kann ich nicht wollen und nicht werden. An dieser Stelle werde ich (wenn überhaupt) den Sinn meines Lebens finden. Der liegt in der konkreten Erde wie ein Schatz, den ich ausgraben und für den ich alles geben muss. Er liegt nicht irgendwo in den Wolken, die meine Fantasie an den Himmel meiner Wünsche zaubert, sondern in der konkreten Wirklichkeit dieser Erde.

Jesus, der Befreier

Von Jesus wird eine Begebenheit erzählt, wie zum Nach-buchstabieren gemacht für uns Kinder des Zeitalters der Leistung, dieses Zeitalters, in dem auch für Christen die Leistung oben ansteht, Glück und Freiheit verdient werden müssen und der Sinn der Bemühung unbekannt bleibt.

Jesus kam mit seinen Begleitern in ein Haus, das zwei Frauen miteinander bewohnten. Die eine, Martha, tat, was nötig war: Sie buk und kochte, sie ordnete die Tafel, sie trug auf und bediente. Die andere, Maria, setzte sich auf die Erde und hörte Jesus zu. Als Martha klagte, es sei nicht recht, dass ihre Schwester sie allein arbeiten lasse, nahm Jesus die säumige Maria in Schutz: »Eins ist nötig. Maria hat das gute Teil erwählt, das soll man ihr nicht nehmen.«

Deine Mühe, so meint Jesus offenbar, ist im Augenblick gut, aber sie rettet dich nicht. Sie trägt dich nicht. Sie gibt dir keinen Grund unter die Füße. Denn du schaffst den Sinn deines Daseins nicht selbst. Du empfängst ihn. Und woher du ihn empfängst, das musst du einem Wort, das du hörst, abnehmen; das musst du dem, der zu dir spricht, glauben. Denn hier spricht nicht allein dein Gast, sondern der Gastgeber, an dessen Tisch du Platz und Heimat hast. Maria hat das gute Teil erwählt. Sie suchte den Sinn der Stunde in der Erfahrung jenes großen Du, dem sie in Jesus begegnete.

Denn in Jesus konnte, wer Augen hatte, zu sehen, und Ohren, zu hören, einem Größeren und Anderen begeg-nen als nur eben einem großen Menschen, mehr auch als einem brüderlich helfenden. »Wer mich sieht«, sagt

Jesus, »sieht Gott.« Wer mich sieht, so hören wir, nimmt wahr, wie es letztlich um den Menschen bestellt ist, der mit Gott zu tun hat. Er versteht, dass ihn nicht ein blindes Schicksal steuert, dass ihm nicht bloßer Zufall widerfährt, dass seine Zukunft nicht von »Entwicklungen« festgelegt wird, dass Gott nicht ein »Gesetz« ist, nicht ein Prinzip, nicht ein unbestimmter Weltgeist.

Gott hat denkende Menschen geschaffen, sollte er nicht fähig sein, zu denken? Er gab den Menschen Empfindungen, sollten ihm Erfahrungen und Leiden fremd sein? »Der das Ohr geschaffen hat, sollte der nicht hören? Der das Auge geschaffen hat, sollte der nicht sehen?«, fragt schon das Alte Testament. Gott ist nicht primitiver, sondern größer als der Mensch. Er ist gewiss mehr als das Du, das ein Mensch sich, gleichsam mit menschlichem Antlitz, vorstellt. Aber er ist eben auch das Du, das Gegenüber des fragenden und nachdenkenden Menschen.

Von ihm aber sagt Jesus: Er kennt dich. Zu ihm kannst du sprechen. Er hört, was du bittest. Er weiß, was du brauchst. Er behütet dich. Du brauchst deine Schuld nicht zu verschweigen und den Wert deines Lebens nicht durch Leistung nachzuweisen. Wichtiger ist vor diesem Gott das Hören als das Können, wertvoller das Vertrauen als das Schaffen.

Da aber jedes Bild von Gott zugleich auch beschreibt, was wir vom Menschen zu halten haben, verbindet sich mit dem Bild von Gott das eines ohne Bedingungen freien Menschen. Ist Gott so unmittelbar zum Menschen, dann ist auch der Mensch unmittelbar zu Gott, und nichts, weder Moral noch Gesetz noch Hierarchie, steht zwischen beiden.

So weit die Menschen aus ihren Bindungen herauszurufen, aus den Ordnungen, in denen sie Schutz suchen, ist ein Wagnis. Wer Menschen aber wirklich ändern will, das zeigt Jesus, muss ihnen Freiheit geben.

Freiheit entsteht, wo ein Mensch seiner selbst gewiss ist. Seiner selbst gewiss ist ein Mensch, den ein anderer liebt, annimmt, bejaht. Freiheit entsteht, wo einer ohne Angst auf festem Grund steht. Das aber geschieht, wo ein Größerer ihn hält. Freiheit wächst, wo einer mit sich selbst im Frieden lebt. Im Frieden lebt er, wenn er sich verstanden weiß und sich nicht zu verteidigen braucht, wo er weiß: Gott, das große Du, bejaht mich. In ihm habe ich Stand und Halt.

»Geh hin in den Frieden«, sagte Jesus zu den Menschen, die er geheilt oder von der Last ihrer Schuld befreit hatte. Was Friede aber ist, was der Segenswunsch meint, das liegt in dem Gedanken verborgen, dass Gott »weiß«. Unter den Schülern Jesu schreibt einer: »Daran erkennen wir, dass wir aus der Wahrheit sind, damit können wir unserem Herzen Frieden geben, dass, wenn unser Herz uns verdammt, Gott größer ist als unser Herz und alle Dinge weiß.« (1. Johannes 3,19–20)

Wenn das Herz seine Anklagen erhebt: Du hättest dies tun, jenes lassen sollen! Es wäre deine Pflicht! Eigentlich will Gott …!, dann liegt darin eine doppelte Störung des Friedens: des Friedens nämlich zwischen unserem Herzen und uns, den Angeklagten, und des Friedens zwischen uns, den Angeklagten, und Gott.

Wir können uns zwar befreien und die Klage unseres Herzens zum Schweigen bringen. Wir müssen es sogar, wenn wir nämlich einen kleinen Gott haben, der dasselbe sagt wie unser eigenes Herz, wenn Gott für uns ein Kläger und Rächer ist, der uns richtet, bestraft und verstößt. Wir halten die Anklagen unseres Herzens nicht lange aus. Wir sprechen sehr bald von etwas anderem, um nicht hören zu müssen, was das Herz sagt.

Wir können aber auch, meint Johannes, wenn unser Gott groß ist, im Frieden mit unserem Herzen leben. Wir können mit ihm leben wie mit einem guten Freund, der uns sagt: Es ist gut so. Es ist gut, dass du zu mir hältst. Und das ist dadurch möglich, sagt Jesus, dass Gott weiß, was ihr braucht, ehe ihr ihn bittet; dadurch, dass er in das Verborgene sieht, dass er euch kennt.

Wenn Gott der Wissende ist, ist nichts ungesehen, ist alles ausgeleuchtet bis auf den Grund, und es liegt nahe, sich gegen dieses vollkommene Wissen zu wehren, zu sträuben, sich zu verschließen. Aber solange wir uns dagegen wehren, dass Gott weiß, werden wir unsere Angst nicht los und finden wir keinen Frieden. Wir verteidigen eine Festung, von der wir meinen, sie werde berannt.

Aber niemand, sagt Jesus, greift uns an. Niemand verletzt oder beschämt uns. Niemand will eindringen. Nichts soll zerstört werden. Denn Gott sieht nicht in dich hinein wie ein neugieriger Mensch, nicht wie ein Detektiv, der auf deine Spur gesetzt ist, sondern wie ein Liebender sieht. Es gibt aber keine klareren, keine schärferen Augen als die der Liebe. Nur Schwärmerei macht blind, Liebe macht sehend. Man versteht einen anderen Menschen nur wirklich, wenn man ihn liebt, und man soll wohl vom anderen nur so viel wissen wollen, wie die Kraft da ist, alles zu lieben, was sich dabei offenbart.

Die Liebe Gottes ist unbestechliches Wissen, aber eben ein Wissen, das nicht verachtet, nicht richtet, nicht verstößt, nicht erniedrigt. Weil Gott groß ist und weil seine Größe Liebe ist, hat es Sinn, dass er alles weiß.

Denn die wirkliche Liebe sagt: Ich kenne die Stellen in dir genau, an denen du unsicher bist, darum will ich dort stehen und dich halten. Sie sagt: Ich sehe deine Fehler, darum will ich dort, wo deine Fehler sind, bei dir sein. Wo solltest du mich nötiger brauchen als dort? Ich weiß, dass du kein Held bist. Ich sehe dein Misstrauen und deine Sorge, darum will ich dir dort, wo deine Angst ist, beistehen. Und so, wie du wirklich bist, bist du unersetzlich für mich.

Wie sehr ebendiese Liebe die Liebe des wissenden Gottes ist, zeigt Jesus in den Worten, in denen er sein Tun als Werk der Liebe Gottes beschreibt: »Ich bin nicht gekommen, mir dienen zu lassen, sondern zu dienen und mein Leben hinzugeben zu einer Erlösung für viele.« (Matthäus 20,28)

Von Jesus heißt es: »Er wusste, was im Menschen war.« Zugleich sagte man von ihm: »Er nimmt die Sünder an.« Er stand zu ihnen, zu den gespaltenen, den von Zerstörung bedrohten Menschen. Er schützte sie. Er half ihnen zurecht. Für ihn ließ sich das Unvereinbare vereinen: die Menschen zu kennen und sie zu lieben.

So aber liebt Gott. Denn er ist größer als unser Herz und weiß alle Dinge. Und sein Wissen ist der Anfang des Friedens.

Jesus, der Revolutionär?

Ich weiß nicht, wie viele Revolutionen und wie viele Pläne zu Revolutionen im Lauf der Jahrhunderte von Worten Jesu inspiriert worden sind. Es dürfte kaum ein Jahrhundert gegeben haben, in dem nicht irgendwo irgendwer im Namen Jesu zu irgendeiner Revolution aufgerufen hätte. In der Tat gibt es Berichte über Jesus, in denen seine Geste und sein Wort denen eines Revolutionärs gleichen, wie etwa bei seinem Auftritt gegen die Händler im Tempel. Und es gibt Worte von ihm mit so markant sozialem Klang, dass es nicht schwerfällt, mit ihrer Hilfe die Parteinahme für Unterdrückte zu rechtfertigen: »Ich bin hungrig gewesen, und ihr habt mich gespeist. Ich bin durstig gewesen, und ihr habt mich getränkt. Ich bin heimatlos gewesen, und ihr habt mich aufgenommen. Ich bin nackt gewesen, und ihr habt mich bekleidet. Ich bin krank gewesen, und ihr habt mich besucht. Ich bin gefangen gewesen, und ihr seid zu mir gekommen. Was ihr einem unter diesen meinen geringsten Brüdern getan habt, das habt ihr mir getan.« (Matthäus 25,35–40)

Der Revolutionär hat seinen angemessenen Platz und Ausgangspunkt bei den Armen, den Entrechteten, den Ausgebeuteten, den Gefangenen. Bei denen unten. Er wendet sich gegen den Reichtum der Reichen oder gegen den ungerechten Staat oder gegen die stille Gewalt überlieferter Ordnungen und Autoritätsverhältnisse. War Jesus ein Revolutionär?

Revolutionen richten sich gegen den Reichtum der Reichen und suchen die gerechte Verteilung der Güter. In dieser Front, so scheint es, steht Jesus, wenn er sagt:

»Wehe euch, ihr Reichen! Leichter kommt ein Kamel durch ein Nadelöhr als ein Reicher ins Reich Gottes!« – Und dagegen: »Heil euch, ihr Armen, euer ist das Reich Gottes!«

Als ein Reicher zu ihm kam, um sich ihm anzuschließen, forderte er ihn auf, seinen Reichtum zu verschenken und arm zu werden. Aber merkwürdig: Nirgends ruft er zur Enteignung der Reichen. Nirgends erwartet er das Heil der Armen von ihrer Teilhabe an den Gütern der Reichen.

Für Jesus ist der Reichtum eine Macht, die den Menschen besetzt, beherrscht und steuert und die dem Anspruch Gottes im Wege steht. Welchem der beiden Herren, Gott oder dem Geist des Geldes, der Mensch gehorchen will, muss er entscheiden. Es geht Jesus also nicht um die Neuverteilung von Land oder Besitz, sondern um eine neue Art, gerecht zu sein. Der Reichtum wird verdammt, weil er den Menschen an seiner Wandlung hindert.

»Der Reichtum erstickt das Wort«, sagt Jesus. Das Wort fällt wie ein Korn in die Erde, aber das Gestrüpp wächst auf und erstickt die Frucht. Revolutionäre reden anders.

Revolutionen richten sich gegen die ungerechte Herrschaft von Fürsten oder Staaten. Und Jesus sagt wohl auch: »Ihr wisst, wie es zugeht. Die Machthaber regieren ihre Völker zugrunde, die Herrschenden drücken sie mit Gewalt zu Boden.« (Markus 10,42) Aber es folgt kein Ruf zum Aufruhr. Das Streitgespräch über die Zinsmünze klingt anders: »Da fragten ihn einige von den Pharisäern: Meister, wir wissen, dass du kein Unrecht willst und nur lehrst, was Gott geboten hat. Du lässt dich durch Meinungen nicht bestimmen und redest niemand nach dem Munde. Sage uns: Ist es richtig, dass man dem römischen Staat Steuern zahlt? Jesus, der ihre Unredlichkeit durchschaute, antwortete: Ihr Lügner, was soll diese Falle? Zeigt mir die Steuermünze! Und sie reichten ihm einen Denar. Er fragte: Wen zeigt das Bild? Wen nennt die Inschrift? Sie antworteten: Den Kaiser. Da sprach er: So gebt dem Kaiser, was dem Kaiser zusteht, und Gott, was Gott gebührt. Als sie das hörten, wunderten sie sich, ließen von ihm ab und gingen davon.« (Matthäus 22,16–22)

Jesus forderte von den Juden immerhin, dass sie jenen Staat anerkannten, dessen Geld sie benutzten. Er war Realist genug, um sich nicht in die lange Reihe der Fanatiker einzureihen, die das römische Machtsystem gewaltsam aufzubrechen suchten. Soweit wir sehen können, hat er weder je an Revolution gedacht noch je revolutionär agiert. Er lehnte die Vermischung von Politik und religiösen Hoffnungen ebenso ab wie alle Träume von politischer und gesellschaftlicher Selbsterlösung von unerlösten Menschen.

Revolutionen richten sich gegen Überlieferungen, Gesetze und Moralvorschriften, und Jesus tut dies auch. Das berühmte: »Den Alten ist gesagt …, ich aber sage euch …«, hat den Klang eines revolutionären Neubeginns, der sich gegen das Gesetz Gottes zu richten scheint. Nun traf Jesus aber dieses Gesetz in einer Form an, in der es dem Glauben nicht mehr dienlich, sondern eine selbstständige Macht war, eine gesellschaftliche Gewalt, die den Glauben des Menschen beherrschte. Ist das Gesetz aber eine eigene Macht geworden, dann wirkt es, wie Reichtum wirkt: Es verhindert die Begegnung mit dem lebendigen Gott. Es verhindert trotz aller Forderungen nach Devotion die wirkliche Hingabe. An Gottes Stelle ist das Aufsichtsamt von Menschen getreten und an Stelle des Glaubens die Leistung des Menschen. Gott ist verschwunden hinter dem Gesetz und der Mensch hinter Leistung oder Schuld.

Jesus löste das Gesetz aus den Überlieferungen und machte es wirksam. Und er löste den Menschen aus dem Gesetz und machte ihn fähig, ihm als freies Wesen gerecht zu werden. Denn wenn das Gesetz Gottes frei ist von den Zusätzen der Menschen, ist es wirksamer als vorher. Es greift nun unmittelbar zu, ohne Allgemeinplätze und ohne Kasuistik. Und das mag der Grund sein, warum die Anweisungen Jesu, die nichts sind als Auslegungen des Gesetzes Gottes, bis ans Ende der Welt ihre unverbrauchte Frische behalten.

Revolutionäre sind gewöhnlich der Überzeugung, das Alte sei ganz und gar der Zukunft zu opfern. Stalin hat gesagt: »Wer die Zukunft will, darf nicht nach der Vergangenheit fragen.« Und Jesus: »Wer seine Hand an den Pflug legt und sieht zurück, der ist nicht geschickt zum Reich Gottes.« Aber wenn Jesus meint, der Mensch habe die Freiheit, Gesetze und Traditionen zu überprüfen und am Willen Gottes zu messen, dann hat er doch ein ganz anderes Ziel. Und er hat ein ganz anderes Verfahren, das etwa lautet: Der Zukunft darf der Mensch ebenso wenig geopfert werden wie der Vergangenheit. Der Mensch ist nicht das Opfertier für eine bessere Zukunft, sondern er selbst, der Mensch, geht seiner Erlösung entgegen.

Das Reich Gottes ist nicht die Gesellschaft der Zukunft. Es ist nicht eine Utopie, auch nicht nur eine Hoffnung. Es ist schon im jetzigen Augenblick auf dieser Erde. Es ist ein »Gebiet«, in dem Gott herrscht, das größer wird und immer mehr Menschen umfasst, in das man »eintreten«

kann, zu dem man gehören, in das man andere führen kann. Das Reich Gottes ist die Gerechtigkeit, die in den Menschen und unter den Menschen wächst und sie verbindet. Es ist so groß wie die Güte und der Glaube des Menschen und so groß wie die erlösende Macht Gottes. Am Ende aber wird, was in der sichtbaren Welt gewachsen ist und was Gott bewirken will, zusammenschmelzen zum Reich Gottes.

War Jesus ein Revolutionär? Er war es nicht. Und so sinnvoll es sein mag, dass viele Christen im Sozialismus einen zwar nicht ideologischen, aber doch sozialpolitischen Verbündeten erblickt haben, so deutlich ist doch, dass man Jesus unter die Revolutionäre nur dann einreihen kann, wenn man ihn, seine Botschaft, sein Wollen und Werk von Anfang bis Ende missversteht. Ist das alles? Nein. Jesus war auch ein Revolutionär. Aber in welchem Sinn?

Jesus, der Revolutionär!

Klarer Aufstand begegnet uns dort, wo Jesus mit Autoritäten auf dem religiösen Feld zu tun bekam. Wo sich Herkommen und Machthunger im Namen Gottes etabliert hatten, lag in der Tat Zündstoff für einen gründlichen Umsturz, und wenn man den Geist des Aufruhrs bei Jesus suchen will, findet man ihn etwa in der folgenden, unauffälligen Geschichte: »Während Jesus in Kafarnaum in einem Haus redete und die Menschen sich bis vor die Tür drängten, brachten einige einen Gichtkranken. Und da sie nicht zu ihm gelangen konnten, deckten sie das Dach ab, gruben es auf und ließen das Bett mit dem

Gichtbrüchigen hinunter. Als Jesus ihren Glauben sah, sprach er zu dem Kranken: Mein Sohn, deine Sünden sind dir vergeben! Es waren aber einige Schriftgelehrte dabei, die dachten: Das ist Gotteslästerung! Wer kann Sünden vergeben außer Gott? Jesus erkannte, dass sie so dachten, und sprach: Warum denkt ihr so? Was ist leichter, zu dem Kranken zu sagen: Dir sind deine Sünden vergeben – oder: Steh auf, nimm dein Bett und geh? Ihr sollt aber erkennen, dass ich Macht habe, auf der Erde Sünden zu vergeben! Und er sprach zu dem Kranken: Nimm dein Bett und geh! Und sofort stand der auf, nahm sein Bett und ging vor aller Augen hinaus.« (Markus 2,4–12)

Sündenvergebung, das war allgemeine Überzeugung, stand allein Gott zu. Weil aber nun auf dieser Erde im Namen Gottes die Vergebung von Sünden von Menschen ausgesprochen werden musste, bedurfte es der Mittelsmänner, der Priester. Der Ort, an dem das geschah, war der Gottesdienst.

Wer war nun dieser Jesus von Nazaret, dass er diese Instanz überging? Dass er den Gottesdienst im Tempel nicht brauchte und die bevollmächtigte Priesterschaft missachtete? Hier ging es für die Juden um den Kern der Sache: Gott wohnte im Tempel. Der Tempel war das Herzstück im religiösen Leben dieses Volkes. Im Tempel wurde geopfert, wurden die Sünden bekannt und wurde Gott angerufen. Im Tempel empfing man Segen und Vergebung. Was sollte geschehen, wenn der Tempel seine Heiligkeit verlor?

Vierzig Jahre später stand das Judentum vor der vollendeten Tatsache, dass der Tempel ausgefallen war. Es entwickelte danach die schon alte Tradition ohne Tempel, ohne Kult und ohne Priesterschaft weiter: die Synagoge. »Euer Tempel wird ein Trümmerhaufen sein«, hatte Jesus prophezeit. »Kein Stein wird auf dem anderen bleiben.« Nach dem Untergang Jerusalems im Jahre 70 war das sichtbar. Aber zu Jesu Lebzeiten war ein Zweifel an Tempel und Priesterschaft Gotteslästerung.

Als Jesus seinen berühmten Auftritt im Tempel beendet hatte, als er »sie alle hinausgetrieben hatte samt Schafen und Ochsen«, die Händler und Krämer, als er den Wechslern das Geld verschüttet und die Tische umgestoßen hatte, wurde er gefragt: »Aufgrund welcher Vollmacht tust du das?« Da antwortete Jesus – und mit dieser Antwort erklärte er nichts, sondern verschärfte die eben ergangene Herausforderung: »Brecht diesen Tempel ab! In drei Tagen will ich ihn aufrichten. Da sprachen die Juden: Dieser Tempel wurde in sechsundvierzig Jahren gebaut, und du willst ihn in drei Tagen aufrichten? (Er aber – so bemerkt Johannes – redete vom Tempel seines Leibes.)« (Johannes 2,19–21)

Wenn die Angabe »in sechsundvierzig Jahren« zutrifft, dann fand das Gespräch im Jahre 26 statt, denn seit 20 vor Christus wurde am Tempel gebaut mit Hilfe Zehntausender von Arbeitern und Sklaven, und noch immer war er nicht fertig. Im Jahr 64, nach weiteren achtundzwanzig Jahren, wurde er endlich mit großem Pomp eingeweiht, und sechs Jahre später lag das neue Wunderwerk in Trümmern. »In drei Tagen willst du ihn aufrichten?« Dass Jesus nicht nur den Tempel abbrechen, sondern sich selbst an die Stelle des Tempels setzen wollte, verstanden seine Zuhörer nicht, und hätten sie Jesus verstanden, so hätten sie ihn auf der Stelle totgeschlagen.

Wenige Monate nach dem Tod Jesu nimmt ein griechischer Christ dieses Gespräch wieder auf. Stephanus wird vor den Hohen Rat geschleppt und angeklagt: »Dieser Mensch redet unaufhörlich gegen Tempel und Gesetz. Wir hörten ihn sagen: Jesus wird den Tempel zerstören und das Gesetz Moses ändern. Und Stephanus antwortete: Der Herr spricht: Der Himmel ist mein Thron und die Erde Schemel meiner Füße. Was für ein Haus wollt ihr bauen, in dem ich wohnen soll? Habe ich nicht selbst alles geschaffen, womit ihr baut?« (Apostelgeschichte 7)

Der Mann wurde ohne weitere Diskussion gesteinigt. In der langen Rede vor dem Hohen Rat hatte er zuvor an die ferne Vergangenheit angeknüpft, in der das Volk Israel in der Wüste gelebt hatte: Gab es dort einen Tempel? Fiel und stand die Beziehung des Volkes zu Gott nicht mit dem Glauben? Und waren der Tempel und die Priesterschaft nicht nur Anleihen aus den Traditionen, die man im heidnischen Kulturland angetroffen hatte? Jahrzehnte später malt die Offenbarung des Johannes an den Horizont der Welt das Bild der künftigen Stadt, in der Gott bei den Menschen wohnen werde, mit dem ausdrücklichen Hinweis: »Ich sah keinen Tempel in ihr. Gott, der Herr, selbst ist ihr Tempel.«

Erasmus von Rotterdam meinte, während Luther seinen einsamen Kampf gegen Kaiser und Kirche durchstand, Luther habe zwei Grundfehler begangen. Er habe den Mönchen nach dem Bauch und dem Papst nach der Krone gegriffen. Geschieht dies, dann sind in der Welt der religiösen Mittelsmänner Kompromisse unwahrscheinlich, denn dahinter steht immer die Frage, wem der Mensch gehöre, Gott oder den Mittelsmännern, und will man Christus einen Revolutionär nennen, dann kann man immerhin auf den unbedingten, den schlechthin auf Entscheidung angelegten Kampf verweisen, den er an dieser Stelle führte.

»Glaubt nicht, ich sei gekommen, Frieden auf die Erde zu bringen. Ich bringe nicht Frieden, sondern das Schwert.« (Matthäus 10,34)

»Ich bin gekommen, ein Feuer auf die Erde zu werfen, und nichts wollte ich lieber, als dass es brennte.« (Lukas 12,49)

»Wer nichts hat, verkaufe sein Kleid und kaufe ein Schwert.« (Lukas 22,36)

War Jesus ein Revolutionär? Er war einer. Er war keiner. Sein Tod zeigt, dass er einer war. Er wäre sonst nicht umgebracht worden. Sein Prozess zeigt, dass er keiner war. Sonst hätte sich bei seinem Tod manches sehr anders abgespielt.

Warum wurde Jesus gekreuzigt?

Waren es religiöse Gründe? Kaum. Nie in der jüdischen Geschichte wurde ein Ketzer an die Feinde ausgeliefert und gekreuzigt. Waren es politische? Dazu war kaum Anlass. Jesus hat weder zum Bürgerkrieg noch zum Aufstand aufgerufen. Sein eigenes Volk verurteilte ihn wegen Gotteslästerung. Der Römer Pilatus sah ihn in der Reihe der politischen Unruhestifter. Aber was stand wirklich dahinter?

Wir müssen uns dazu in ein Volk hineinversetzen, das buchstäblich seit achthundert oder mehr Jahren von einem brutalen Angreifer nach dem anderen um Frieden und Freiheit gebracht worden war. Waren es nicht die

Ägypter, dann waren es die Assyrer, die Aramäer oder die Babylonier. Waren es nicht die Ptolemäer, dann waren es die Seleukiden und schließlich die Römer. Die Zeiten, in denen dieses Volk im Frieden leben durfte, waren spärlich und kurz. Zur Zeit Jesu waren bereits wieder achtzig Jahre der Fremdherrschaft vergangen. Unter Herodes dem Großen war sie noch erträglich gewesen, unter den nachfolgenden, meist korrupten und verständnislosen Gouverneuren war sie endgültig unerträglich geworden. Immer wieder während der Lebenszeit Jesu ging ein verzweifeltes Aufbegehren durch das Land, immer wieder Morde, Aufstände, Blutbäder und immer wieder die immer härter zugreifende Fremdherrschaft.

In einer solchen Situation liegt alles am geschlossenen Willen, am Zusammenhalt der Unterjochten. Wer sich heraushält oder mit dem Feind gemeinsame Sache macht, den trifft der gemeinsame Hass aller. Die eigentliche Quelle ihrer Kraft lag aber für die Juden – und das war es, was die Gewalthaber kaum je begriffen – im Glauben. In ihrer Überzeugung: Wir stehen auf Gottes Seite, und Gott steht auf der unseren. Der Glaube an die Zuverlässigkeit Gottes hielt sie aufrecht und gab ihnen in aller Hoffnungslosigkeit Hoffnung.

Die Juden sprachen vom »Bund zwischen Gott und seinem Volk«. Die Zeichen dieses Bundes waren unter anderem der Tempel, in dem der eine und einzige Gott allein verehrt wurde, das Gesetz, das dem Gehorsamen das Leben und die Gemeinschaft mit Gott versprach, und ein Volk, das in konsequenter Treue an jedem Buchstaben dieses Gesetzes festhielt und insofern »rein« war, »heilig«.

Freilich, das alles musste einer Elite vorbehalten bleiben. So bildete sich ein gesetzestreues Kernvolk innerhalb einer Randzone von Gleichgültigen, von Sündern oder Kollaborateuren. Dass es diese Randzone gab, war dem frommen Juden ärgerlich genug, aber es war keine Katastrophe. Wenn und solange das Kernvolk sich deutlich abhob, lag im hoffnungslosesten Unternehmen eines Aufruhrs noch Hoffnung und hatte es Sinn, auf das Eingreifen Gottes zu warten. So hing zur Zeit Jesu die ganze Zukunft Israels an der Treue des Kernvolks zu Tempel und Gesetz und an der Scheidung zwischen diesem Kernvolk und der Randzone. Und in ebendieser Lage erlebten die Juden den Angriff Jesu von Nazaret auf alles, was ihnen heilig war.

Zunächst löste Jesus vom Rande her die Grenze zwischen den Armseligen und den Sündern einerseits und dem gesetzestreuen Kernvolk andererseits auf. Er nahm die Hoffnung Israels für die in Anspruch, denen sie verweigert wurde. Er feierte mit den Leuten der Randzone das Mahl, in dem die künftige Herrlichkeit Israels und seines Gottes sich abbildete, und sagte: »Dies will Gott!« Er schilderte also Gott selbst als den, der die Struktur des heiligen Volks, an der die letzte, verzweifelte Hoffnung hing, auflöste.

Indem aber Jesus nicht das rituell reine, sondern das brüderliche Volk suchte, traf er mit seinem Angriff das Gesetz. Denn das Gesetz bestimmte ja eben, dass im Namen Gottes die Grenze zwischen Gehorsam und Ungehorsam, zwischen rein und unrein, deutlich zu markieren sei. Wem aber galt das Wohlwollen Gottes? Den Kindern, die nichts vom Gesetz wussten. Den Armen, die es nicht kannten. Den Sündern, die es missachteten. Einzige Bedingung war der Glaube.

Indem aber Jesus durch das Gesetz hindurchstieß, traf er den Tempel als das irdische Pfand für die Gegenwart Gottes. Er zerriss und zerstreute praktisch die Gemeinde, die sich im Namen Gottes und in der Hoffnung auf göttliche Nähe in diesem Tempel versammelte. Indem er durch den Kern des reinen Gottesvolkes stieß, traf er die Tempelpriesterschaft, die Schriftgelehrten und den Hohen Rat, die sonst durchaus nicht einer Meinung waren, so genau, dass er sie sich alle zugleich zu Feinden machte.

Im Namen der letzten, äußersten Hoffnung Israels zerstörte Jesus alles, woran diese Hoffnung sich klammern konnte, und nahm Israel die Kraft, die es im Kampf gegen den Unterdrücker Rom zu brauchen meinte. An die leere Stelle setzte er die durch nichts legitimierte Gemeinschaft der Fragwürdigen, der Armen, der Kleinen und der Unreinen. Es dürfte wohl der gefährlichste Angriff gewesen sein, dem das Judentum im Laufe seiner wechselvollen Geschichte aus den eigenen Reihen jemals ausgesetzt war.

Der Hohepriester Kajafas soll während der Beratungen im Hohen Rat, ob Jesus des Todes schuldig sei, geäußert haben: »Es ist besser, ein Mensch stirbt für das Volk, als dass das ganze Volk verdirbt.« Er hatte recht. In seinen Augen stand in der Auseinandersetzung mit Jesus das Schicksal des ganzen Volks auf dem Spiel. So lieferte man den Verräter an die Römer aus, denen ja Jesus angeblich eben sein ganzes Volk auszuliefern suchte.

Offenbar spielte auch das Fest eine Rolle, das bevorstand. Denn das Pascha war ja eben das Fest eines gereinigten, eines kultisch reinen Volkes, dessen Leben vom Gesetz geprägt war. Indem Johannes die Vorgänge um den Tod Jesu so beschreibt, dass Jesus in Wahrheit als das Lamm gestorben sei, das zu diesem Fest nach den

Vorschriften des Gesetzes geopfert werden musste, zeigt er genau auf die verborgene Mitte, um die in diesen Tagen für Freunde und Feinde alles ging.

Nun hatte Jesus aber den Anspruch erhoben, die Erfüllung der Messiashoffnung Israels zu bringen. Er rückte also in die Reihe derer, die sich vor ihm als Messiasse bezeichnet hatten. Er war – seinem Anspruch nach – der König der Endzeit, der den Sieg über die gottfeindlichen Mächte und das Heil der Frommen herbeiführen sollte. Dann aber war es möglich, Jesu Absicht politisch auszulegen. Man konnte ihn Pilatus als einen Aufrührer übergeben, und Pilatus musste ihn, falls er ein Freund des Kaisers heißen wollte, zu dem Tod verurteilen, der dem Aufrührer zustand: der Kreuzigung. So ließ Pilatus am Kreuz das berühmte Schild befestigen: »König der Juden«.

Jesus hat dem nicht widersprochen. »Bist du ein König?«, fragte Pilatus ihn. Und Jesus antwortete: »Du sagst es. Ich bin ein König.« Dass »sein Reich nicht von dieser Welt« sei, war zu schwierig und zu seltsam für den Kopf eines Gouverneurs. Und Jesus hielt es nicht für nötig, Pilatus irgendetwas zu erklären. Er erkannte den Willen Gottes und ging seinen Weg. Man hätte nie behaupten sollen, das »stellvertretende Leiden« Jesu für die Menschheit sei in seinen Tod erst später hineingelegt worden. Jesus nahm seinen Tod auf sich, weil er den Sinn seines Sterbens im Willen Gottes bewahrt wusste. Gehorsam. Sehr still. Ohne Widerspruch. Ohne Anklage. Ohne Bitterkeit. Ohne sich zu verteidigen. Er wusste, für wen er starb: für das künftige brüderliche Volk, das Gott wollte. Für die Armen, denen das Gottesreich bestimmt war. Für die Schuldigen, die eine Hoffnung fassen sollten. Er starb den versöhnenden Tod, den sein versöhnendes Tun während der vergangenen Jahre nach sich zog. Er starb mit dem klaren Blick auf die Menschen, für die er gelebt hatte, weil er wusste, dass dies alles – das Gesetz, die Macht der Mittelsmänner, die Macht von Sünde und Unglauben in den Menschen, die Macht der »Besseren« über die »Schlechteren« – erst überwunden werden musste.

Er wusste, dass das alles nur überwunden werden konnte ohne Gewalt, durch Leiden und Hinnehmen. Und da er wusste, dass Gott selbst dies wollte, war er gewiss, dass Gott dieses Ziel durch den Tod seines Beauftragten hindurch erreichen werde.

Man hat immer wieder gemeint, sein Wort, er werde »sein Leben hingeben zu einer Erlösung für viele«, sei ihm von der später entstehenden Kirche in den Mund gelegt worden. Ich bin überzeugt, dass in diesen Worten seine eigenste Absicht ihren Ausdruck gefunden hat. Denn dieser Tod war keine Tragödie im üblichen Sinn. Er war keine bloße politische Gewalttat. Kein Justizmord. Er war sein eigenes Werk. Er erlitt diesen Tod nicht, er starb ihn. Er blieb auch als Sterbender frei und brachte sein Werk zur Vollendung.

Es ist überliefert, er habe am Ende ausgerufen: »Es ist vollbracht!« Man sollte auch dieses Wort nicht für ein nachträgliches Wort seiner Gemeinde halten. Es gab in der Tat etwas für ihn zu vollenden, durch die Gottverlassenheit seiner letzten Stunden hindurch: die neue Freiheit der Kinder Gottes auf dieser Erde und im Reiche Gottes. Das Evangelium, das er gebracht, gezeigt und gelebt hatte, vollendete sich in seinem Tod.

Ostermorgen

»Maria aber stand vor dem Grab und weinte. Wie sie so weinte, bückte sie sich und sah ins Grab hinein. Da erblickte sie zwei Engel in weißen Kleidern, den einen am Kopfende, den anderen am Fußende der Grabstätte … Die fragten sie: Warum bist du so traurig? Sie haben meinen Herrn weggetragen, erwiderte sie, und ich weiß nicht, wohin. Währenddessen wandte sie sich um und sah Jesus stehen, wusste aber nicht, dass er es war. Er fragte sie: Frau, was weinst du? Wen suchst du? Sie hielt ihn aber für den Gärtner und bat ihn: Herr, wenn du ihn weggetragen hast, dann sage mir doch, wohin du ihn gelegt hast, dann will ich ihn holen! Da sprach Jesus zu ihr: Maria! Sie fuhr herum, wandte sich ihm zu und rief: Mein Meister! Aber Jesus wehrte ab: Rühre mich nicht an! Ich bin noch nicht zu meinem Vater aufgefahren. Geh aber zu meinen Brüdern und sage ihnen: Ich kehre zu meinem Vater zurück und zu eurem Vater, zu meinem Gott und zu eurem Gott! Da lief Maria Magdalena zu den Jüngern und rief: Ich habe den Herrn gesehen! Er hat gesagt: Ich kehre zu meinem Vater zurück und zu eurem Vater, zu meinem Gott und zu eurem Gott!« (Johannes 20,11–18)

Vor dem Grab steht sie und weint, richtungslos herumstehend, vor jenem Ort, der den letzten Augenblick des Abschieds von ihrem Meister bewahrte. Es scheint, als habe sie nun weiterleben wollen, indem sie sich das Vergangene vor Augen hielt und die Worte ihres Herrn bewahrte, abgekehrt von den Menschen, in ihr Leid eingeschlossen wie in eine Muschel.

Da sieht sie zwei Gestalten in weißen Kleidern, Menschen offenbar, die ungeschickt in ihren Jammer hineinfragen: »Weib, was weinst du?« Sie erkennt keine Engel in ihnen. Es ist, als sei die Schale schon geschlossen. Dann wendet sie sich um und sieht Jesus stehen, meint, er sei der Gärtner, und fragt: »Wenn du ihn weggetragen hast, sage mir wenigstens, wohin!« So eng ist ihre Welt geworden, dass sie im Grunde nur noch den seltsamen Menschen sucht, der es fertigbrachte, den Leib des Toten aus dem Grab zu reißen. Und diesen Leib will sie holen. Wozu eigentlich? Vielleicht, damit das Leid einen Ort hat, an dem es zu Hause ist. Und da geschieht es. Jesus spricht sie an: »Maria!« Und sie antwortet: »Mein Meister!«

Man mag in dieses liebende Wiedererkennen nicht eindringen, in den Augenblick, in dem alle die dunklen Schleier von Leid, Täuschung und Anklage verwehen und es Tag wird. Es liegt etwas darin vom Geheimnis eines Namens. Der Name eines Geliebten, wenn ein Liebender ihn ausspricht, ist ja mehr als nur ebendieser Name, er ist wie eine Hand, in der der geliebte Mensch ruht, wie ein Schutz, in dem Liebe und Leid bewahrt sind. Ein Name wird ausgesprochen, und der Verlaufene findet heim; der sich selbst Entfremdete findet zu sich selbst; der an sich selbst Irregewordene weiß sich angenommen.

»Rühre mich nicht an!«, wehrt Jesus ab. »Ich bin noch nicht aufgefahren zu meinem Vater!« Offenbar meint Maria, Jesus sei in dieses Leben zurückgekehrt, er sei der Meister, der er gewesen war, und im überwallenden Glück will sie ihn anfassen. Aber Jesus antwortet: Ich bin auf dem Weg zum Vater. Ich bin im Übergang. Ich gehe nur an dir vorbei.

Das Wort fällt wie ein Schatten. Eben davor hatte Maria sich ja gefürchtet, dass nun auf dieser Erde nichts mehr sei, an dem die Erinnerung sich festhalten konnte, kein Leib, kein Grab. Aber er lebte als der, der an ihr vorübergegangen war. Eigentlich hatte sie ihren Weg in ihr Leid verhüllt gehen wollen, nun konnte sie ihn in die Hand ihres Meisters eingefasst gehen. Die früheren Zeiten des Wanderns mit Jesus waren erdnäher gewesen, aber die stille, zarte Begegnung in der Morgenfrühe des Ostertages verwandelte nun alles. Sie brauchte nicht mehr zu bewahren, was gewesen war. Sie brauchte kein Grab mehr. Sie konnte an jedem künftigen Morgen sagen: »Mein Meister!«, und wissen, dass er sie sah.

Die Erfahrung, dass Ostern sei, dass Christus lebendig, dass die verschlossene Welt der Gräber aufgerissen sei, drang erst allmählich in das Bewusstsein der Jünger ein. Die Visionen der Frauen hatten nichts bewirkt. Als wäre nichts geschehen, ging der Tag hin. Denn die erste Erfahrung der Frauen, ihre Furcht, ihr Entsetzen waren ungedeutet. Das Rätselhafte weckt keinen Glauben. Auch die Jünger bedurften einer zweiten Erfahrung, die das Rätselhafte deutete. Sie brauchten den Zusammenhang mit der Geschichte des Glaubens, mit der heiligen Schrift der Väter. Und sie brauchten die Begegnung mit dem nahen, lebendigen Christus, die ihnen am Abend widerfuhr. Für Maria Magdalena war die Begegnung mit dem Meister, das Erkennen und Erkanntwerden jene zweite Erfahrung, die den Schrecken des frühen Morgens, die Furcht vor dem Unbegreiflichen in Vertrauen wandelte. In der Begegnung mit dem Meister im Garten verwandelte sich Maria selbst, verwandelte sich der Gott des Todes und des Schreckens in den Vater, verwandelte sich die Welt aus einem Acker der Toten in das Land Gottes, durch das der Heimweg führt.

Die Ostergeschichten brauchen nicht bewiesen, sie können nicht widerlegt werden. Sie sind Zeichen, Bilder, Erfahrungen, in denen aufleuchtet, wer denn an der Grenze zwischen Tod und Leben der Mensch sei. Wer aber ist der Mensch, wenn die Begegnungen in der Osterfrühe etwas über ihn aussagen? Er ist der Vorübergehende. Er ist der Leidende, der aus seinem Leiden aufwacht wie aus einem dunklen Traum und beginnt das Licht zu sehen. Er ist der Träumende, der vor den Gräbern steht und erwachen darf, der vorübergehen darf an den Bildern des Schreckens und heimgehen, bewahrt, bejaht, begleitet, bei seinem Namen gerufen von dem, der ihn über den Tod hinweg meint, der ihn geschaffen, der ihn befreit hat. Er ist das Wesen, das im Übergang ist in die Freiheit.

Was heißt es, Jesus nachzufolgen?

Auf seinen Wegen durch die armseligen Dörfer in Galiläa suchte Jesus die Ärmsten, die Belasteten, die Überforderten und Alleingelassenen, und ihnen brachte er zuerst und vor allem Entlastung. Wo er war, durften sie leben. Wo er war, hatten sie ein Recht zu sein. Wo er war, sahen sie sich geliebt und bejaht.

Immer gab ihnen Jesus zuerst Freiheit. Immer setzte er zunächst die Kräfte frei, mit denen sie danach etwas tun konnten. Leistung war eine Folge der Freiheit, nicht ihre Voraussetzung. Er vergab ihnen ihre Sünden und machte sie dadurch fähig, ihre Schuld zu verstehen und einen Anfang zu versuchen. Nicht Moral war der Anfang, nicht Vorwurf oder Anklage, sondern Befreiung. Er gewährte den Mutlosen Zuflucht, nahm ihnen ihre Angst ab und half ihnen, sich vor Wagnissen nicht mehr zu scheuen. Er zeigte ihnen die Wahrheit und machte so ihre Gedanken frei, nun auch selbst ohne Befangenheit nachzudenken.

Er half ihnen zum Leben und gab ihnen dadurch eine Zuversicht, die auch vor dem Tod standhielt. Er wies ihnen das Ziel ihres Lebens, seine Erfüllung und Vollendung jenseits dieser Welt und Lebenszeit und machte dadurch ihr Herz weit für die Menschen, die jetzt und hier von ihnen Erlösung brauchten, Entlastung und Befreiung.

Was also soll der tun, der Jesus nachfolgt? Warten auf das, was Gott tut, und dann tun, was Gott erwartet. Das ist alles. Dass aber nichts auf Leistung und Bewährung beruht, ist der Quellort der Hoffnung. Solange Sinn und Gelingen vom Beitrag des Menschen abhängen, ist keine Hoffnung möglich. Wer an seine Leistung glaubt, wird in der Hoffnung der Wartenden die Selbsttröstung von Irrenden sehen müssen. Eine Welt, in der das Lebensrecht auch nur eines Menschen nach seiner Leistung bestimmt wird, ist eine Welt ohne Hoffnung. »Du brauchst nicht. Du darfst.« Das ist der Ursprung der Seligkeit, von der Jesus spricht, des Glücks, dem Dauer bestimmt ist.

Seit Jesus hat es Sinn zu glauben, dass wir nicht allein sind in dieser Welt, auch wenn wir meinen, endgültig verlassen zu sein; dass einer an uns denkt wie Jesus an die Armen in Galiläa und dass in diesem Gedenken Gottes Geborgenheit und Hoffnung sind. Wer mit Jesus auf dem Weg ist, weiß: Es geht nichts in dieser Welt verloren. Es gibt keinen Zufall. Es lohnt sich, zu leben. Wir kommen aus einem Plan, einer Absicht Gottes, und wir werden den Sinn erkennen, der in dieser Absicht liegt.

Auch für Nachfolger Jesu lässt der Sinn des Daseins sich nicht einfach beschreiben. Auch für sie fügt sich nicht alles menschlichen Worten. Aber sie haben Bilder vor Augen, in denen die Wahrheit sich spiegelt. Denn Wahrheit ist immer nur in Bildern anwesend auf dieser Erde, in den Farben, die unser Auge wahrnimmt: Das »Gastmahl« ist ein solches Bild, die »goldene Stadt«, der »Garten«. Seit Jesus wissen wir, dass wir das Gelingen eines Lebens glauben dürfen auch da, wo es zu scheitern scheint.

Denn das Reich Gottes wird »kommen«. Es wird gleichsam durch den Rand unserer Welt hereinbrechen. Sichtbare und unsichtbare Wirklichkeit werden eins sein. Was wir waren und was Gott aus uns neu schafft, wird eins. Wir werden nicht in Schönheit beginnen und in der Ungestalt enden; in unserer eigentlichen Gestalt werden wir unser Ziel erreichen. Wie wir selbst, ist diese ganze Welt nicht dem Untergang geweiht, sondern hat ihre Vollendung vor sich. Der Schöpfer ist auch der Vollender. Diesen Weg der Hoffnung geh hinter mir her, sagt Jesus. Folge mir nach! Es ist der Weg der Vertrauenden, die das Ziel ihrer Hoffnung festhalten.

»Ihr sollt nicht sorgen«, hören wir Jesus sagen. »Seht die Vögel unter dem Himmel an! Sie säen nicht. Sie ernten nicht. Sie sammeln keine Vorräte in Scheunen. Euer Vater im Himmel ist es, der sie ernährt. Seid ihr nicht kostbarer als sie? Was nützt die Sorge? Wer verlängert mit seinen Sorgen die Zeit seines Lebens auch nur um eine halbe Elle? Warum sorgt ihr euch um Kleider? Schaut die roten Anemonen, die sich hier in Galiläa wie Teppiche die Hänge herabziehen! Sie mühen sich nicht, sie spinnen nicht. Und doch war Salomo in all seiner Pracht nicht gekleidet wie eine von ihnen.

Ihr sollt nicht sorgen und sagen: Was sollen wir essen? Was sollen wir trinken? Womit sollen wir uns kleiden? Von Sorgen beherrscht ist, wer Gott nicht kennt. Euer Vater im Himmel weiß, dass ihr das alles braucht. Wirkt für den Willen Gottes in dieser Welt und für die Gerechtigkeit, die er meint. Das Übrige wird euch zufallen.« (Matthäus 6,25–33)

Die Sorglosigkeit, die Jesus zeigt, ist nicht der Gleichmut des Weisen und nicht die Gefühllosigkeit dessen, der die Menschen und ihre Leiden verachtet. Sie ist nicht die Harmlosigkeit des Träumers, der vom Verhungern der Vögel nichts weiß oder vom Verdorren der Lilien. Sie entsteht vielmehr auf dem Grund der Hoffnung. Sie weiß: Die Sorge hat ihr Recht. Sie weiß aber auch: Die Sorge heilt nicht. Sie befreit nicht. Sie gibt keinen Grund unter die Füße. Sie löst nicht aus dem Kreislauf von Bedrohung und Sorge, neuer Bedrohung und neuer Sorge.

Jesus wusste um die Abgründe im Dasein, wenn je ein Mensch um sie gewusst hat. Er versprach sich die Erlösung nicht von den geringen Kräften des Menschen. Aber er zeigte eine Kraft, die den Menschen über den Abgründen festhält, und wer es mit ihm versucht, erkennt: Es gibt Gefahren, gewiss, aber ich brauche mich nicht zu fürchten. Alle meine Pläne können scheitern, aber ich bin getragen. Ich kann schwach werden, aber ich brauche nicht auf eigenen Füßen zu stehen. Alles kann mir genommen werden, aber nichts brauche ich festzuhalten. Es liegt mir, was ich brauche, ungefährdet in der Hand. Ich bin bedroht, aber ich brauche mich nicht zu wehren. Ich weiß Tag um Tag nicht, wie ich mich davor bewahren soll, schuldig zu werden, aber Gott misst mich nicht an meiner Unschuld, sondern an meiner Liebe zu denen, die gleich mir schuldig sind.

Wenn Jesus von den Seligen spricht, das heißt von den auf die Dauer Glücklichen, dann spricht er weder von den Schönen noch von den Wohlhabenden, weder von den Gebildeten noch von den Erfolgreichen, sondern von den Barmherzigen, den Wehrlosen, den Leidenden, den Geduldigen, den nach Gerechtigkeit Hungernden, den Friedenstiftern, den Verleumdeten und den Verfolgten. Er spricht von denen, die Leid erfahren und daraus, mit neuer Erkenntnis versehen, zu leben versuchen.

Seligkeit gewinnt ihre Leichtigkeit, ihre Heiterkeit nicht aus den Erfahrungen dieses Daseins. Sie ist die Sorglosigkeit derer, die ihre Sorge Gott anheimgeben, die Gelassenheit, die dort einkehrt, wo der Wille Gottes an die Stelle getreten ist, an der sonst der Wille des Menschen selbst am Werk war. Sie ist das Vertrauen derer, die sich gehalten wissen.

Das Evangelium Jesu für die Armen von Galiläa und anderswo ist eine Einladung zum Vertrauen. Vertrauen ist nicht blind, sowenig Liebe blind ist. Wer eingeladen ist zu vertrauen, hat das Recht zu prüfen, wem er vertrauen soll. Der Weg der Einübung in den Glauben ist, soll ein Mensch dieser Zeit ihn finden, lang und mühsam, er ist aber, je näher der Gehende seinem Ziel ist, ein Weg immer gelasseneren Nachdenkens.

III.

Auf dem Weg sein, auf dem Weg bleiben

Was bedeutet es heute, Christ zu sein?

Unterwegs sein

Wenn die Christen der ersten Zeit, vor zweitausend Jahren, von ihrem Glauben sprechen sollten, dann sprachen sie vom »Weg«. »Der Weg« – das war ihr Glaube und die besondere Weise, in der sie ihm die Gestalt eines praktischen Lebens gaben. Damit sagten sie: »Du kannst, was wir erfahren haben, nur verstehen, wenn du dich einem Weg anvertraust und auf ihm deine eigenen Erfahrungen machst. Du bist auf diesem Weg nicht allein, viele gehen ihn mit dir. Es geht dir einer voraus: Jesus Christus. Du hast ein Ziel: die Heimkehr zu Gott. Denn das Kennzeichnende am Christenglauben ist nicht, dass er ein Glaube, sondern dass er ein Weg ist. Du kannst ihn nicht lernen und auswendig hersagen, du musst ihn gehen. Du selbst.«

Wenn du diesen Weg gehst, dann geh ihn sehenden Auges und mit hörendem Ohr. Du wirst einmal das eine, einmal das andere wahrnehmen, das dir begegnet, und wirst einmal die eine, einmal eine ganz andere Wahrheit begreifen und wirst erfahren, dass Wahrheit nie anders als auf einem Weg zu erfassen ist. Jesus sandte seine Jünger auf einen Weg aus, den sie ohne Vorräte an Brot, Geld, Schuhwerk und zweiter Bekleidung gehen sollten, das heißt ohne alle Sicherheit. Auch nicht gesichert von einer Wahrheit, die sie schwarz auf weiß mit sich tragen konnten. Einen solchen Weg gilt es aufmerksam zu gehen, vielleicht langsam, aber wach und genau wie Jesus selbst, der mit seiner Langsamkeit den Schnellen unter uns noch lange voraus ist.

Einer der verbreiteten Irrtümer in unseren Tagen ist der, wir lebten in einem Zeitalter, das religiösem Suchen ungünstig oder gar feindlich sei. Ich sehe rundum eine kaum zu überschauende Fülle von religiösen Angeboten und eine ebenso breite Verzweigtheit des religiösen Bemühens. Merkwürdigerweise freilich bleiben die überlieferten Institutionen, die Kirchen und religiösen Gruppierungen, dabei häufig abseits liegen und unbeachtet. Wohin gehen die Menschen heute nicht, um etwas zu finden, das ihnen zum Leben hilft! An welche Tische, um ihren Hunger zu stillen! Im Grunde ist, was wir erleben, eine einzige spirituelle Hungerkatastrophe, und bei vielen ist nach vielen Enttäuschungen die Hoffnung, etwas zu finden, bereits erloschen.

Ich habe längst nicht an allem entlanggedacht, an dem man als Theologe entlangdenken kann. Dafür waren fünfzig Jahre der Arbeit eines Pfarrers nicht lang genug. Aber ich habe lange genug die Seelenlandschaften heutiger Menschen durchwandert und bin lange genug ihren Verlassenheiten und Irrungen und dem großen Hunger ihrer Seelen begegnet. Ich habe versucht, ihnen, wie ein Gastwirt es tut, auf den Tisch zu stellen, was das Evangelium ihnen zu essen gibt. Und in der Tat: Ich halte die Kirche – neben vielem anderen, das sie auch ist – für ein Wirtshaus, das am Weg steht für den, der an ihm vorbeikommt, und in dem, wer immer durch die Tür tritt, einen Tisch und einen Stuhl findet und zu essen bekommt.

Was fehlt, ist nicht ein Dogma. Das haben wir. Noch. Was fehlt, ist nicht ein Kult. Der wird noch lange gefeiert werden. Was fehlt, ist nicht die religiöse Belehrung. Noch wird gepredigt. Was fehlt, ist auch nicht ein religiöses Grunddokument, an dem man sich orientieren könnte. Noch werden Bibeln gedruckt. Was uns fehlt, ist die innere Erfahrung, es sei so, wie man immer behauptet: dass nämlich unser Leben Sinn, dass wir selbst einen

Wert und eine Würde habe und dass unser Weg über diese Erde am Ende ein Ziel und eine Erfüllung finde. »Spirituell« nennen wir solche Erfahrung. »Spiritualität« bleibt übrig, wenn man einer Religion ihr äußeres Kleid abstreift, ihre Zeitgebundenheit, ihren Ort auf diesem Erdball, die Kultur, aus der sie hervorgegangen ist und in der sie ihre Form und ihre besondere Botschaft gefunden hat. Kleider sind zeitgebundene Hüllen, die man achtsam pflegen wird, die man aber zuzeiten tragen oder zuzeiten ablegen wird. Es ist an der Zeit, besonders in unserer evangelischen Kirche, eine Spiritualität wiederzufinden, die Antwort gibt auf die überall gestellten Fragen:

Wie können wir aufatmen? Wie lernen wir das Horchen und das Schauen, das uns etwas wie religiöse Erfahrung bringt? Wie finden wir eine innere Ordnung für unseren Tag? Wie kann unser innerer Mensch gedeihen? Wie gehen wir miteinander um? Wie lernen wir uns selber loszulassen? Wie finden wir Frieden? Wie können wir uns selbst verstehen? Wie können wir Freiheit gewinnen? Wie leben wir mit Misserfolgen? Wie leben wir, wenn unsere Würde angetastet ist und unser Recht? Woher nehmen wir Mut für die nächste Entscheidung? Was tun wir, wenn uns das Dunkel verschlingen will? Wie finden wir Vertrauen zu dem, der uns unser Schicksal zumutet? Wie finden wir in ein wirkliches Gebet, in eine wirkliche Anbetung, die nicht wieder nur aus Worten besteht? Und was solcher Fragen mehr sind.

Wenn wir die Erfahrung einbringen, die auf dem spirituellen Weg zu gewinnen ist, so wird unser Dasein geräumiger, der Blick in die Welt und in uns selbst freier und tiefer. Wenn du freilich einen Blick in die Weite tun willst, dann darfst du dich nicht vor der Mühe fürchten, einen

Berg zu besteigen. Aber vielleicht erschließt sich dir dabei, was eigentlich mit dem christlichen Glauben, der so schwer zu verstehen ist, am Ende gemeint sei. Glauben heißt ja nicht, zu irgendwelchen merkwürdigen Dingen, die eigentlich nicht zu glauben sind, Ja zu sagen. Das lateinische Wort »credo«, ich glaube, hängt sprachlich mit »cor« zusammen, das »Herz« bedeutet. Glauben also heißt, ein Herz haben. Nach seinem Herzen leben. Sein Herz hingeben. Das »Herz« aber ist für die Bibel immer und überall der ganze Mensch.

Aber wie steht es denn mit unserem Herzen? Wenn ich mir überlege, wie zerfasert wir Menschen morgen leben werden, wie auseinandergerissen in eine bedrohlich unübersichtliche Welt einerseits, in alle virtuellen Dimensionen der Informationstechnik andererseits, so möchte ich dringend wünschen, wir fänden Kräfte, um einigermaßen mit uns selbst identisch zu bleiben. Wenn ich überlege, wie orientierungslos wir in einer Welt beliebiger und tausendfach sich widersprechender Meinungen herumexperimentieren oder wie tausendfältig abhängig wir leben werden, so wünsche ich, wir lernten, uns selbst einzuüben und unseren eigenen, uns vorgezeichneten Weg zu finden.

Wenn ich sehe, wie heimatlos, wie ohne Ort hierhin und dorthin gezogen, wir morgen leben werden, so möchte ich dringend wünschen, es möge etwas wie ein bergender Raum gefunden werden, in dem wir zu Hause sein können.

Wenn ich mir vergegenwärtige, wie ununterscheidbar sich heute und erst recht morgen im öffentlichen und privaten Leben Wahrheit und Lüge, Wahrheit und Täuschung mischen werden, wie wenig kenntlich die Wahrheit noch sein wird, so wünsche ich mir, wir möchten ein Unterscheidungsvermögen gewinnen, das uns sagt, was Wahrheit sei und wo wir sie finden.

Wenn ich denke, wie von allen Seiten Propaganda und Werbung uns unsere Meinung und unsere Bedürfnisse vorschreiben werden, unsere Vorstellungen, wie wir unser Leben zu führen und womit wir es auszustatten hätten, wünsche ich uns eine Art von Witterung dafür, was denn – nicht für andere, sondern für uns selbst – stimmig sei und was nicht, und die Widerstandskraft, es gegen eine Welt von andringender Suggestion durchzusetzen.

Suchen wir aber all dies und noch einiges mehr, das ich nicht zu nennen brauche, so wird uns alsbald deutlich sein, dass es nur erreichbar sein wird auf einem spirituellen Weg. Vielleicht geht es uns dabei zunächst darum, zu verstehen, was der Menschheit wie auch der eigenen Seele wirklich fehlt und von welchem zentral Wichtigen wir wie durch einen Abgrund getrennt leben.

Über Abgründe, Schluchten und Bergbäche führen da und dort Brücken. Ich habe Brücken immer gerne betreten. Sie führen einen Weg weiter. Sie tragen von einem Ufer zum anderen. Sie erfordern, wenn sie nur aus ein paar Brettern bestehen, den Mut, einen Schritt vor den anderen zu setzen. Sie erfordern den Mut, nicht zu fürchten, was man nicht zu fürchten braucht. Nicht zu fürchten braucht man Anfänge, erste Schritte, Wagnisse, wie ein Weg sie fordert. Warum sollte man etwas fürchten, das Sinn hat und Gelingen verspricht? Fürchten könnte man sich davor, dass man den Sinn der Stunde versäumt, indem man an dem Platz verharrt, den man verlassen sollte. Brücken wollen begangen sein, zu neuen Anfängen. Und den Schritt, der heute gefordert ist, sollten wir heute tun.

Eigene religiöse Erfahrungen

Die Wiederentdeckung einer mystischen Spiritualität ist ein Teil jener Umgestaltung, die mit dem christlichen Glauben im Übergang zum neuen Jahrhundert geschehen muss, will er sich in Zukunft nicht im Museum vergangener Religionen ausgestellt sehen. Wie sollen wir für die Menschen und für diese Erde Hoffnung bewahren können, wenn es das nicht geben soll: ein inspiriertes Nachdenken, eine von Gott selbst gegebene Erfahrung seiner Nähe, einen von Gott selbst dem wachen Menschen gezeigten Weg?

Solange einer freilich nur in den Reiseprospekten blättert, kann er nicht wissen, was ihm begegnete, wenn er eine Reise wirklich unter die Füße nähme. Wer nicht tatsächlich aufbricht, wird Neues und Großes nicht erfahren. Gehen, Reisen, Unterwegssein ist das, was wirklich zählt.

Nun gehört es zu den eigentümlichen Merkmalen des menschlichen Gehens, dass es nur dann gelingt, wenn der Gehende bereit ist, bei jedem Schritt sein Gleichgewicht aufs Spiel zu setzen. Alles Gehen geschieht so, dass er seinen Körper bei jedem Schritt auffängt, ehe er fällt. Wer je getanzt hat, weiß es: Bei jedem Schritt riskieren wir unser Gleichgewicht, und das Wunderbare beim Tanzen ist, dass wir es dennoch nie verlieren.

Auch das Wort »Weg« deutet etwas eigentümlich Menschliches an. Es hängt ja mit dem Wort »Wagnis« zusammen. Man gibt eine Heimat auf und sucht einen neuen Ort, von dem man noch nicht weiß, ob man ihn erreicht. So sind innere Wege verbunden mit dem Wagnis, in das unbekannte Land der eigenen Seele einzutreten, dort aber nicht zu bleiben, sondern weiterzugehen über die eigene Seele hinaus. Wer seinen inneren Weg finden will, wird dorthin weitergehen, wo er eine Stimme hört, die anderswo herkommt als aus der eigenen Seele, und jeder Weg dieser Art wird in einem lebenslangen Weitergehen, Weitersuchen, Rufen und Horchen und Wagen bestehen.

Nun meinen viele, sie müssten sich, um ihren Weg zu finden, an einem Wegweiser orientieren, an einer Schulmeinung, einem Dogma, einer Lehre, die ihnen einmal nahegebracht worden ist. So, meinen sie, könnten sie die Richtung nicht verlieren. Wer aber einen Weg, einen offenen und unbekannten, wirklich geht und nicht nur bedenkt, lässt ihn und alle Wegweiser mit jedem Schritt weiter hinter sich.

Als Christen jedenfalls können wir wissen, dass der Weg zur Wahrheit und zum Leben nie ein für alle Mal gefunden und gegangen werden kann. Er wird immer von Unwissenheit zur Klarheit und danach wieder zu einem neuen Nichtwissen führen, vom Unglauben zum Glauben, vom Glauben zum Zweifel und zu einem neuen Vertrauen. Jeden Tag gehen wir als veränderte Menschen durch eine neue Umgebung, begreifen einmal das eine, einmal das andere und müssen uns mit dem begnügen, was uns jeweils zuwächst.

Nun sind wir keine Mystiker in dem Sinn, wie es Meister Eckhart oder Dag Hammarskjöld waren. Auch ich bin es nicht. Aber mir wie vielen anderen sind Erfahrungen gewährt worden, die sie auf mystische Wege gerufen haben. Ich rede hier auch nicht zu Mystikern, wohl aber zu Menschen, die sich danach sehnen, nicht nur von Gott zu reden, sondern wirklich in ihm zu sein. Ich rede zudem in einer Kirche, von der ich meine, es sei in ihr so viel geistiger Raum und geistige Freiheit, dass mystische Erfahrungen in ihr möglich sind, ohne dass die Ketzerrichter und Rechthaber aller Couleur auf den Plan treten.

Was kann denn geschehen, wenn ein Christ anfängt, auf seine eigene Weise zu sehen, was um ihn her und in ihm selbst ist? Was kann geschehen, wenn er an den Geist Gottes glaubt und nicht nur an ein Dogma? Wenn er eine Zukunft ins Auge fasst und nicht nur eine Überlieferung? Wenn er nicht nur mit den Menschen seiner eigenen Kirche pfleglich umgeht, sondern auch mit denen aus anderen Konfessionen oder Religionen? Wenn er seinen Horizont so weit und so offen um sich her sieht, wie er in Wahrheit ist, und den Geist Gottes in allen Zeiten und an allen Orten wiederfindet, auch in sich selbst?

In einer so offenen Landschaft mit so unzähligen Wegen und Wegweisern wie der im Übergang zwischen dem 20. Jahrhundert und dem nächsten wünscht man sich sehnlich einen Propheten, der die Lage deutet und den Weg weiß, und man stellt doch zugleich fest, dass man ihn nicht hat. Aber wer sagt denn, dass wir ohne Rat bleiben müssten? Alle Prophetie, alles Wissen um Wege und Aufträge, ist eine Gabe des Geistes Gottes nicht nur an große Einzelne, sondern auch ein Angebot an die Gemeinschaft der Christen und wohl auch an Menschen aus anderen Kulturen. Wo Aufmerksamkeit ist, Wachheit für die Zeichen der Zeit, wo Menschen bereit sind, ein Wort aufzunehmen, das noch nicht hörbar ist, Bilder der Zukunft zu sehen, die noch keiner sieht, und wo sie der Müdigkeit und der Resignation, aber auch einem blinden Aktionismus absagen, da kann, so Gott will, durchaus etwas wie eine gemeinsame Prophetie entstehen: ein Wissen um Wege, ein Wissen um die Aufträge der neuen Epoche.

Denn unser Leben kann lebendiger sein, als wir meinen. Offener, freier. Mit weiterem Horizont können wir leben als in den Engräumen, die Staat oder Kirche, Arbeitswelt oder Familie und vor allem unsere eigene Ängstlichkeit abzäunen. Weiter sehen können wir. Aufbrechen. Beim Namen nennen, was geschieht. Bereit sein für neue Kräfte und Ideen. Und darauf vertrauen, dass die Welt für den, der sich ihr mit offenem Herzen und allen Sinnen zuwendet, ein freundlicher, ein zukunftsreicher Ort ist. Ich sage das alles, obwohl ich weiß, dass ich damit auf etwas hinzeige, das eigentlich nicht zu zeigen ist, etwas, das die Art eines Traums, einer Vision an sich hat.

Aber wo wollen wir beginnen? Am besten im Vordergrund, nahe bei uns selbst. An einer Stelle, an der es noch lange nicht um religiöse Erfahrungen geht, sondern erst einmal um die einfachen und anschaulichen Erfahrungen unseres Herzens und unserer Sinne.

Gemeinsam am Tisch Platz nehmen

»Das Brot ist mein Leib« – nicht endende Mühe hat sich die Christenheit in fast zweitausend Jahren gegeben, zu erklären, was damit gemeint sei. In welchem Sinn ist denn nun das Brot des heiligen Mahls Leib Christi? Wann und wie wird aus dem Brot der Leib? Wandelt sich etwas an dem, was wir essen, oder essen wir geistig etwas anderes als das sichtbare Brot? Ist das Brot der Leib, oder ist es nur ein Hinweis auf ihn?

Aber das meiste an dieser Bemühung ist müßig. »Das ist mein Leib« – »das bedeutet meinen Leib« – das konnte zu den Zeiten Jesu niemand trennen oder unterscheiden. Für den Juden von damals war der Vorgang einfach. Jesus nimmt ein Brot, bricht es und sagt: »Seht! Mein Leib!« Wenn er aber sagt: »Mein Leib«, dann sagt er damit nach der Sprachgewohnheit seines Volks so viel wie »Ich«. Er sagt also, indem er das Brot bricht: »Seht! Das bin ich!« Er hebt den Kelch und sagt: »Das bin ich!« Ich gebe mich für euch. Lasst euch meine Hingabe gefallen. Nehmt sie an! Esst. Trinkt! Denn aus meiner Liebe kommt euch das Leben.

Er sagt nicht, im Brot wandle sich etwas. Er sagt, sein Leib werde wie ein Brot gebrochen, und im Brot sei künftig sein Opfer anzuschauen. Er sagt, sein Blut werde wie Wein vergossen, und er selbst, der Auferstandene, der Lebendige, sei gegenwärtig, wo immer Menschen seines Todes gedenken, wo immer sie einander Brot und Wein reichen, die Zeichen seiner Hingabe, aus der das Leben kommt.

Johannes schaut in seinen Berichten über das Leben und Wirken des Meisters gleichsam durch die Erfahrung des Ostertages hindurch, und was in jenen vergangenen Zeiten vielleicht einfach seltsam gewesen war, das wird ihm nun transparent. Es gibt seine Wahrheit heraus, freilich unter der Bedingung, dass Ostern kein Gleichnis und kein Traum, sondern Wirklichkeit ist, wirklich wie Baum und Haus, wie Brot und Wein, und stärker in seiner Wirkung als alles Wirksame, das wir erfahren.

Johannes hat nicht erklärt, wie wir das verstehen sollen, so wenig wie Jesus es getan hat. Erst die Kirche hat es getan, und sie zerbrach über ihren vielen und bemühten Erklärungen. Gerade die Kirche, die ihre Einheit, ihr Wesen aus dem heiligen Mahl, der Tischgemeinschaft mit Jesus empfangen hatte, zerbrach über dem heiligen Mahl, und es entstanden die vielen Tische, deren Gäste jeweils von den Tischen der anderen ausgeschlossen sind. Aus dem brüderlichen Volk Gottes wurden wieder die vielen Gruppen, die sich um ihrer »Reinheit« willen gegeneinander abgrenzen.

Wenn einer aber verstanden hat, was Jesus in Galiläa gewollt und was er am Abend vor seinem Tode gezeigt hat, dann wird er den Mut fassen, den Knoten der Kirchengeschichte zu durchhauen. Ich persönlich werde das Abendmahl mit jedermann feiern, der es mit mir feiern will: mit Katholiken und Reformierten, mit Lutheranern und Atheisten, mit denen, die glauben möchten und es nicht können, und mit allen Fremden zwischen Jerusalem und Emmaus und anderswo. Und ich werde es sogar mit denen feiern, die es mir am schwersten machen: mit denen, die sich ihre Tischgäste nach dem korrekten Glaubensbekenntnis aussuchen. Denn was immer im Brot und am Wein sich wandeln mag, Heil geschieht erst, wo Menschen sich wandeln, und zwar auf Christus zu, der ihr Gast, ihr Gastgeber und ihre Speise ist.

Denn dieser Tisch bildet nicht weniger ab als das Reich des Friedens und des Heils, oder er ist als Zeichen und Hinweis nicht mehr tauglich. Was auf das Reich des brüderlichen Gottesvolks nicht hinweist, mag tausendmal Wille und Beschluss einer Kirche sein, es wird uns nicht verpflichten können. Wer die Passion kennt, die auf dieser Erde gelitten wird, der wird zu jeder Stunde dazu bereit sein, in irgendeinem Fremden den geheimnisvollen Begleiter wahrzunehmen, und er wird ihn, alle von Menschen gezogenen Grenzen überschreitend, einladen – oder vielmehr: seine Einladung annehmen.

Denn der Mensch, auch der unansehnliche, und gerade er, ist nicht nur, was wir an ihm wahrnehmen. Er ist unendlich mehr, und vielleicht entdecken wir, dass der Heilige im Unansehnlichen ist oder der Gastgeber im Gast.

An Wunder glauben – auch heute

Wir stoßen uns an Geschichten wie denen von der Verklärung Christi auf dem Berg oder von den Begegnungen der Jünger mit dem Auferstandenen. Wir stoßen uns am Weinwunder von Kana, am Wandeln Jesu auf dem Meer, an der Sättigung der Fünftausend in der Wüste. Wenn wir aber verstanden haben, dass Christus das Bild Gottes ist, dann verstehen wir auch, dass dieses Bild Christi aufleuchtet sozusagen an der Grenze zu Gott.

Das Wunder ist ja keineswegs die Durchbrechung eines Naturgesetzes. Ein Wunder ist ein Vorgang, an dem außer den uns bekannten Regeln und Gesetzen auch Gesetze beteiligt sind, die wir nicht kennen. Ein Wunder ist ein Ereignis in der Übergangszone zwischen sichtbarer und unsichtbarer Welt.

Das Wunder ist aber scharf zu trennen vom Bericht über das Wunder. Und zwar schon deshalb, weil zu vermuten ist, dass das, was ein Mensch an einem Wunder erlebt, in den Worten seiner sonstigen Sprache nicht zu formulieren ist. Es ist ja gerade das, was mit anderem nicht verglichen werden kann, was in die Folge anderer Ereignisse nicht einzuordnen ist. Dem Bericht über ein Wunder muss notwendig etwas Unscharfes eignen, etwas Doppeldeutiges, und wenn zwei Menschen ein Wunder erleben, werden beide verschieden darüber berichten, je nach der Fähigkeit, es nachträglich zu deuten.

Die Jünger sitzen im Boot – mitten in der Nacht und im Sturm – und sehen plötzlich Jesus. Das ist die Erfahrung, die sie machen. Nachträglich berichten sie darüber. Wie kann es aber sein, dass Jesus da ist, obwohl doch rundum Wasser ist? Antwort: Er muss auf dem Wasser gegangen sein. Dass sie ihn sahen, war das Wunder; dass er auf dem Wasser ging, ist die nachträgliche Erklärung.

Die Fünftausend sitzen in der Basaltwüste an den Golanhöhen, hungrig und am Ende ihrer Kraft. Jesus gibt ihnen etwas. Brot. Fisch. Wie es sich fand. Sie werden satt. Nachträgliche Erklärung: Jesus muss das Brot vermehrt haben. Und weil er das so überreichlich tat, blieben zwölf Körbe übrig.

Die drei Jünger gehen mit Jesus auf den Berg der Verklärung. Sie sehen, wie Jesus sich verändert. Sie sehen eine lichte Gestalt. Nein – drei! Etwas Ungeheures geschieht. Nachträgliche Erklärung: Mose und Elia kamen und redeten mit ihm.

Das Wunder passt in keinen Bericht, denn die menschliche Sprache hat Wörter nur für das, was in den Zusammenhang unserer Erfahrungswelt passt. Wenn das Wunder in der Sprache aufgefangen wird, wird es banal. Jeder weiß das, der Erfahrungen dieser Art kennt.

Manchen mag, was hier von Zeichen oder von Transparenz der Welt gesagt wird, weltfremd anmuten. Aber das täuscht. Der Meister wie seine Jünger unterscheiden sich in ihrer Weltnähe nur darin vom sogenannten »Realisten«, dass sie Kräfte kennen, von denen dieser nichts weiß. Ob einer weltnah oder weltfern denkt, zeigt sich untrüglich darin, wie stark sich die Welt durch ihn verändert. Die Welt aber hat sich von jeher am gründlichsten durch die verändert, die man für Träumer hielt.

So auch mag mancher, der heute den Weg der Jüngerschaft unter die Füße nimmt, als nützlicher, wenngleich harmloser Idealist gelten. Immerhin: Durch seinen Glauben ändert sich etwas. Dadurch, dass er das scheinbar Sinnlose tut, anderen auf irgendeine Weise Brot, Liebe oder Gerechtigkeit zu bringen, zeigt er den Sinn. Dadurch, dass er das scheinbar Unwirkliche ernst nimmt, schafft er Wirklichkeit. Aus dem Glauben kommt Brot.

Man könnte das »Reich Gottes« als eine Art »Gewebe« beschreiben, das sich dem Auge des Scharfsichtigen durch die gröbere Struktur der Dinge unserer Welt durchzeichnet. Für das Auge des Wissenden ist in der Wirklichkeit sehr viel offener Raum, in dem Nicht-Geahntes sich begeben, Nicht-Erwartetes sich ereignen und Nicht-Gewesenes aus Gottes Geist entstehen kann. Zum christlichen Glauben gehört darum eine alles durchziehende Offenheit allem Begegnenden gegenüber.

Es gehört etwa zum christlichen Glauben und zur Durchlässigkeit seiner Welt auch dies, dass er Menschen wahrnimmt. Es gehört gleichsam zum christlichen Wohnen, dass das fremde Schicksal eintreten darf, dass die Türen nicht verschlossen sind, sondern nur angelehnt. Es gehört der Wille dazu, lieber sich berauben zu lassen, als die Tür zu schließen. Der Umgang mit den Menschen wird wirklicher dabei, schwerer und wesentlicher.

Wer die Utopie ernst nimmt, die Jesus das Erbarmen nennt, bewahrt sich vor der Gefahr, Träumen nachzuhängen, denn er begegnet dem Menschen und nicht seinen eigenen Gedanken. Das ist der Grund, warum im politischen Tagesgeschäft gerade jene, die sich am hartnäckigsten für Realisten halten, am schwersten aus ihren Träumen und Ideologien aufzuwecken sind.

Das alles bedeutet aber zugleich, dass in dieser Welt nichts respektiert zu werden braucht, nur weil es so ist, wie es ist. Der Jünger steht auch in dieser Hinsicht in einem weiten Raum großer Freiheit. Er wird sich nicht abfinden mit Lüge, Ausbeutung und Gewalt. Er wird streiten gegen Krieg, Elend, Hunger und Unmenschlichkeit. Er wird die Gedanken der Unbequemen ernst nehmen. Er braucht dazu ein wenig Zivilcourage, ein wenig Phantasie und Hingabe, viel Klarheit, viel Liebe zu Menschen und Willen zum Frieden.

Ich frage mich: Woher diese Mutlosigkeit unter den Christen? Woher diese Müdigkeit? Woher die Resignation: Wir haben nichts zu sagen? Woher die Ratlosigkeit derer, die das Wort hören und sagen: Wir wissen selbst nichts. Wie sollten wir ein Wort haben?

Warum dieses Einkaufen bei den kleinen Bäckern – den Philosophen, den Psychologen, den Politologen, den Soziologen? Den Modekünstlern, den Modestylisten, den Modeunterhaltern aller Sparten? Wächst unter uns nichts mehr? Gilt von den Christen nicht mehr, was Jesus von sich selbst sagt: Wer zu mir kommt, den wird nicht hungern? Gilt es von seiner Kirche nicht mehr: Wer zu uns kommt, den werden wir nicht hinausstoßen? Warum schicken wir sie weiter zur nächsten Ecke?

»Ich bin das Brot«, sagt Jesus. Das Brot ist da. An den Jüngern waren nur die Hände wichtig, die bereit waren, weiterzugeben, und die Augen, die sahen, wo einer war, der Brot brauchte. Christus ist das Brot. Wem Christus tot ist, der kaufe in den kleinen Brotläden. Wem Christus lebt, dem wächst das Brot zu, das die nächsten Hände brauchen, die sich ausstrecken.

Jesus sah die Menschen auf den kahlen Höhen östlich des Sees, wie sie vor ihm standen, und er wollte, dass sie leben können. Nicht nur an ihrem Leib, sondern auch an ihrer Seele. Nicht nur an ihrer Seele, sondern auch an ihrem Leib. Nicht nur jetzt während der Jahre ihres Lebens auf dieser Erde, sondern auch danach. Aber nicht nur danach, sondern auch jetzt auf dieser Erde.

Das ist die Vision, die in jener Geschichte von der Speisung der fünftausend Menschen in der Wüste an der Grenze zwischen dem Sichtbaren und dem Unsichtbaren sozusagen durchgespielt wird. Das Erbarmen ist der Anfang des Wunders. Durch das Wunder, das aus dem Erbarmen erwächst, empfangen Menschen, was sie zum Leben brauchen. Sie geben es weiter. Andere werden dabei satt. Und unter den Händen der Gebenden wie der Empfangenden nimmt die Welt Gottes unter den Menschen Gestalt an.

Mitleid haben, Mitleid leben

(...) »Wer sich der von Gott erfüllten Welt, dem Reich Gottes, nicht so zuwendet, wie er ein Kind aufnimmt, der wird es nicht gewinnen.« Irgendwo steht ein Kind und weint. Vielleicht dein eigenes, vielleicht ein fremdes. Es ist traurig. Es möchte, dass du es zu dir nimmst. Lass dich also anrühren. Nimm seine Bitte auf. Gib ihm deine Zeit. Nimm seine Furcht von ihm. Geh freundlich mit ihm um. Wie wirst du zugreifen? Nicht wie ein Tollpatsch, nicht, als nähmest du einen Sack Kartoffeln auf, sondern schützend. Zart. Behutsam. Mitleidend. Was wird der finden, der so handelt? Er findet etwas unendlich Wertvolles: ein Kind. Er findet darüber hinaus den in sich selbst, der zu dieser Zartheit fähig ist. Der fähig ist, zu trösten. Den, dem es gelingt, Probleme zu lösen. Den, der fähig und bereit ist, für irgendjemand, für irgendetwas sich zu bemühen.

Darum sei behutsam und greife sorgsam zu, auch wenn du ganz allgemein mit Menschen und ihren Problemen zu tun hast! Nichts davon ist so einfach, dass du es mit einem Griff packen könntest. Du brauchst dafür die sorgsamen Hände, mit denen du ein Kind aufnimmst. Ehe du urteilst, lass dich berühren!

Wenn wir also nach einem Wert suchen, der aus dieser Geschichte hervorgeht, so werden wir von »Berührbarkeit« sprechen. Von der Bereitschaft, uns von fremdem Leid betreffen zu lassen. Waffenlos allem gegenüberzutreten. Wir hören Jesus so: Was immer dir begegnet, lass dich von ihm berühren und bewegen. Nimm hin, was dir dabei zugemutet wird. Bedingung für das gelingende Leben ist, dass du absteigst von allen hohen Rössern: Setze dich auf den letzten Platz. Lass dich nicht als Autorität verehren. Geh zu den Armen, den Leidenden, den Getretenen. Werde einer oder eine von ihnen. Verzichte auf Bedeutung, Macht, Einfluss. Wolle nicht zu den Reichen gehören, nicht zu den Anerkannten. Verzichte auf dein Recht. Lass dich anklagen, übernimm das ungerechte Urteil. Übernimm die Schuld des Anderen wie deine eigene. Selig die Armen. Selig die Barmherzigen. Selig, die Frieden schaffen. Selig, die sich zwischen die Stühle setzen. Selig, die aus Gründen ihrer Gerechtigkeit verfolgt werden. Urteile nicht über andere. Stelle dich nicht höher als irgendein Schuldiger. Steige ab. Steige noch einmal ab. Und dann liebe den Leidenden, der dir unten begegnet. Das willst du nicht? Dann verzichte darauf, das Wort »Frieden« in den Mund zu nehmen. Verzichte auch darauf, zu behaupten, du folgest mir nach.

Ob man all dies eine »Ethik« nennen will, mag offen bleiben. Dazu steht und fällt die Vorstellung von einer Ethik für unser normales Verständnis allzu sehr mit dem Anspruch, wir würden durch Erfüllung ethischer Normen oder Werte »gerecht«, wir wären danach »gute Menschen«. Aber darum geht es überhaupt nicht. Es geht um eine wissende, aufmerksame Weise zu leben. Ausgesetzt den Situationen, den Augenblicken, den Begegnungen. Im Grunde ist es nur eine Lebensweisheit, die aus dem Einvernehmen mit dem in diesem Augenblick, in dieser Situation begegnenden Gott hervorgeht. Das heißt: aus der Weisheit des Glaubens.

Es beginnt wohl bei dieser Berührbarkeit damit, dass wir vergleichen. Wir leben in einem reichen Land, und was wir Armut nennen, das ist für Milliarden Menschen noch lange unbegreiflicher Reichtum an Gütern und Sicherheiten. Wir haben Kleider und bemerken eine Welt um uns mit Frierenden und Ungeschützten. Wir haben Schuhe und bemerken die vielen nackten Füße auf den Straßen und im Staub der Erde. Wir haben Ärzte und bemerken Unzählige, die sterben, weil ihnen niemand hilft. Wir leben im Frieden und sehen jeden Abend im Fernsehen Menschen, die zertreten und zerrissen werden durch die Maschine der Gewalt und des Krieges.

Ein weiterer Schritt wird die Berührbarkeit unseres Nachdenkens und Empfindens sein. Sie war immer ein Merkmal von Christen, aber sie wird in Zukunft eine grundlegende Bedeutung erlangen, von der wir bisher noch kaum etwas wissen. Und sie wird über die Schicksale von Menschen hinaus für unseren Umgang mit der ganzen Erde und allem, was auf ihr lebt und leidet, gelten. Ehrfurcht vor dem Leben des Wehrlosen, des Schwachen, des Todverfallenen und ein Leben für alles, was leidet unter dem Mangel an Lebenskraft, wird die alles bestimmende Bedingung sein.

Aber das ist alles nicht nur ein Opfer. Es ist auch der Weg zur Erfüllung. Wenn ich Jesus recht verstehe, dann sagt er mir: Du wirst dabei bemerken, dass du tiefer eins wirst mit deiner eigenen Bestimmung. Du kannst dich dehnen. Du kannst dich weiten aus deinem kleinen Augenblicksun in die große Zukunft. Darum schotte dich nicht ab. Maure dich nicht ein. Willst du einen Blick tun in die große Weite und die tiefen Täler, die ich dir zeigen will, dann darfst du die Mühe nicht scheuen, die es dich kostet, einen Berg zu besteigen, von dem aus du etwas siehst. Und dann, wenn du gesehen hast, steige ab.

Das alles, diese segnende und heilende Kraft, diese Achtsamkeit und diese Berührbarkeit hat einen wichtigen Sinn auch für alles politische Tun. Was heute an ethischen Anforderungen speziell auf die Menschen in den reichen Ländern zukommt, beschreibt die so genannte Erd-Charta, die 1987 von der »Weltkommission der Vereinten Nationen für Umwelt und Entwicklung« formuliert wurde. Sie sagt, wir müssten endlich zu einer Ethik kommen, die den engen Zusammenhang zwischen Armut, Ungerechtigkeit, politischen Konflikten, Krieg, Terror, Umweltzerstörung und Hunger ins Auge fasst. Notwendig sei heute eine »holistische«, die gesamte Schöpfung umfassende, und nicht mehr eine nur anthropozentrische, nur am Menschen orientierte Ethik, die sich auf breiter Front gegen das heutige Wirtschaftsdenken und gegen die Grunddogmen des politischen Fundamentalismus wendet.

Christlich gesprochen bedeutet das, dass der Überlegene seine Kraft in Freundlichkeit wandelt und der Erfolgreiche seine Übermacht in Geschwisterlichkeit. Von Jesus wird gesagt: »Ihn jammerte des Volks.« Ihn griff das Elend an. Es ging ihm an die Nieren. Und wir selbst werden, solange wir dies nicht kennen, solange das Elend der Kreatur uns nicht auf den Magen schlägt, ein heilendes Verhalten weder finden noch praktizieren können.

Gegen das Elend der Menschen trat Jesus auf. Für die Befreiung und Erlösung der Miserablen starb er. Das Kreuz, dieses schreckliche Zeichen menschlicher Erbarmungslosigkeit, ist sein Merkzeichen. Es mag sein, dass wir, wenn uns das Elend der Kreatur zu einem angemessenen Handeln zwingt, durchaus unseren Anteil am Leiden des Christus zu übernehmen haben. Dann könnte ein Verzichten beginnen, ein Sich-Bescheiden, ein Sich-Zurückstellen, ein Zerfall aller persönlichen Rechtsansprüche, wie er auch ihm begegnet ist. Es könnte geschehen, dass uns viel an stellvertretender Gefährdung zugemutet würde. Der Homo sapiens würde sich dann in uns wandeln müssen in den Homo patiens. Den Leidensfähigen. Wir werden uns wandeln müssen von dem, der stolzgeschwellt in seine Zukunft schreitet, zu dem, der seine Hoffnung für alle und für das Ganze auf seinem letzten Platz hütet.

Es wird ein langer Weg sein, den wir zu gehen haben, bis Maßstäbe wie diese gesellschaftlich oder politisch akzeptiert sind. Einübung in kleinen Schritten wird nötig sein. Aber in Schritten, die unverzüglich gesetzt werden müssen. Denn was immer wir tun und unterlassen, es findet in der Zeit statt. Die aber ist begrenzt, und die Erde ist ein sensibles Wesen. Diese Einübung müsste vier Merkmale tragen:

Ein erstes ist die vorsichtige Einfühlung in die Bedingungen des Lebens. Wir könnten »nicht-invasiv«, wie die Ärzte sagen, versuchen, die Regeln und Gesetze zu verstehen, nach denen das Leben auf dieser Erde lebt. Wir könnten unsere zugreifende Hand zurückrufen, ehe wir zugreifen. Wir müssten, was wir verstehen wollen, mit den Fingerspitzen berühren und ertasten, ehe wir zufassen.

Ein zweites ist Respekt. Wir werden kein schnelles Urteil fällen, ob etwas nützlich sei oder nicht, ob wertvoll oder nicht, ob zum Sein berechtigt oder nicht, wenn wir mit einem Volk, einem politischen System, einer Maßnahme zu tun haben, denen wir irgendwo begegnen. Wir werden mit unserer Selbsteinschätzung und mit unserem Anspruch, wir hätten Recht, so tief steigen, dass wir jedem noch so fremden Gedanken auf gleicher Augenhöhe begegnen. Wir werden das Lebensrecht und die Würde jedes Menschen achten, ehe wir fordern, er müsse etwas oder sich selbst ändern.

Ein drittes könnte Verantwortung heißen. Wir werden, was wir neu schaffen, so verwirklichen, dass es mit dem, was wir vorfinden und bewahren müssen, zusammen leben, sein und wirken kann. Das Ganze ist wichtiger als was uns zunächst wichtig scheinen mag.

Ein viertes ist die Fähigkeit zurückzutreten, die wir als Einzelne gewinnen müssen, die aber durchaus ihre politische Bedeutung hat. Jedes Ding und jedes Wesen, jeder Stein und jedes Tier, jeder Mensch, ob schon geboren oder noch kommend, hat ein Recht, zu sein. Ich werde also bereit sein, wenn meine Zeit abgelaufen ist, meinen Platz zu räumen, damit, was kommen will, seinen Platz findet. Wenn ich realistisch auf mein Leben blicke, werde ich wissen, dass alles, was ist, eines Tages zurücktreten muss zugunsten dessen, was auf die Erde an Leben dazukommen will. Es ist im Leben des Einzelnen schwierig genug, mit dieser Einsicht Ernst zu machen. Es ist noch ungleich mühsamer für Staaten, Wirtschaftssysteme, Verfassungen, Völker, Kulturen, sich selbst nicht als ewig anzusehen, sondern als im geschichtlichen Augenblick gültig, im geschichtlichen Augenblick entstanden und nach diesem Augenblick dazu bestimmt, zurückzutreten. Wer aber an seinen Anspruch auf ewige Geltung glaubt, verfehlt den Sinn seiner Geltung für den Augenblick.

Das alles meint den Willen, Leid nicht zuzufügen. Vielleicht werden wir als die Mitleidenden auf eine bescheidene Weise zugleich die Heilenden werden können, wie Christus als der große Leidende der große Heilende gewesen ist. Vielleicht werden wir aus Menschen, die die Kraft der Erde auszehren, zu einer segnenden Kraft werden. Auf alle Fälle sollte uns heute der Gedanke einer Schöpfungsfrömmigkeit dieser neuen und künftigen Art zu beschäftigen beginnen, die in der Lage ist, zu deuten, was unser Glaubensartikel von Gott, dem Schöpfer, uns heute zu sagen hat. Die Sprache der Natur ist in unseren Tagen vor allem Klage über uns Menschen. Es muss uns selbstverständlich werden, dass wir nichts tun, ehe wir wissen, was wir dabei bewirken. Ehe wir wissen, woher wir die Freiheit nehmen, es zu tun. Ehe wir die Gründe nennen können, aus denen heraus es notwendig ist. Vor allem, ehe wir uns gefragt haben, was von diesem rastlosen Tun und Machen und Treiben wir tunlichst zu unterlassen haben. Und ehe wir begriffen haben, dass wir eher weniger tun sollten als wir tun.

Seinsverbunden mit allem, was ist

Mit allem, was ist, verbunden zu sein und von hier aus die Verantwortung für das Geschick unserer Erde wahrzunehmen, war bisher in der christlichen Überlieferung kaum je ein Ziel. Am ehesten wurde in der franziskanischen Tradition danach gesucht. Dass der Mensch mit der Natur Verbindung halten und in die Erde verwurzelt leben sollte, war kein Thema christlicher Ethik. Der fast völlige Verlust solcher Seinsverbundenheit unter westlichen Zivilisationsträgern aber und die Gefährdung der lebendigen Zone dieser Erde geben diesen Gedanken eine neue, entscheidende Qualität.

Was hindert uns, die mehr über die Welt des Lebendigen wissen als je eine frühere Zeit, so zu leben, wie wir es längst als notwendig erkannt haben, nämlich achtsam und berührbar? Ist es unsere Angst um unser Wohlergehen? Unsere Angst um unsere Sicherheit oder unsere technische Überlegenheit oder unsere menschliche Vorherrschaft? Gelassenheit und alles, was mit Lassen zu tun hat, täte uns not. Loslassen. Unterlassen. Freilassen.

Der Psalm 131 schildert den gelassenen Menschen so: »Mein Herz, o Gott, will nicht Ansehen, nicht Macht. Ich schaue nicht nach Ruhm aus und nicht nach Reichtum. Ich gehe nicht mit großen Plänen um und nicht mit Träumen über große Dinge. Sie sind zu wunderbar für meinen Geist. Ich taste dein Geheimnis nicht an. Mein Herz ist still, und Frieden ist in meiner Seele. Wie ein gestilltes Kind bin ich, das bei seiner Mutter schläft. Wie ein gesättigtes Kind, so ist meine Seele still in mir. Ich vertraue allein dir, heute und in Ewigkeit.«

Käme unser Tätigkeitsdrang aus solchem Ruhen und Vertrauen, so hätte er die Kraft, zu einer Veränderung unseres Verhaltens zu führen und zu einer neuen, hochaktiven Wachheit, wie sie die Situation von uns fordert. Jesus sagt es ähnlich: »Macht euch keine Sorgen um euer Leben. Sagt nicht: Was sollen wir essen? Was sollen wir trinken? Was sollen wir anziehen? Ihr habt euer Leben von Gott, das ist mehr als die Nahrung, die ihr braucht. Gott gab euch den Leib, das ist mehr als die Kleidung. Schaut auf die Vögel, die am Himmel fliegen. Sie säen nicht, sie ernten nicht, sie sammeln nichts in Scheunen:

euer Vater im Himmel ernährt sie. Seid ihr nicht kostbarer als sie? Wer verlängert mit seinen Sorgen die Zeit seines Lebens auch nur um eine halbe Elle? Warum sorgt ihr euch um Kleider? Schaut die roten Anemonen, die sich hier in Galiläa wie Teppiche die Hänge herabziehen! Sie mühen sich nicht. Sie spinnen nicht. Und doch war Salomo in all seiner Pracht nicht gekleidet wie eine von ihnen. Wenn aber Gott das Gras, das heute steht und morgen verbrannt wird, so kostbar kleidet, wird er nicht viel mehr für euch sorgen, ihr Anfänger im Glauben?« (Matthäus 6,25–30)

Was Jesus uns sagt, ist von einer unbegreiflichen Leichtigkeit: Stelle dein Ego auf die Seite und schau! Tu die Augen auf! Sieh die Blumen auf dem Feld! Lege deine Angst ab! Mach dir keine Sorgen! Es klingt wie freundlicher Spott, wenn er seine Zuhörer fragt: »Wer von euch kann denn mit seinen Sorgen erreichen, dass die Zeit seines Lebens um eine halbe Elle länger wird?« Setzt euch ein für das, was Gott mit Hilfe eures Lebens und eurer Kräfte aus eurer kleinen Welt machen will. Was ihr sonst braucht, wird euch zufallen.

Es mag uns neu sein, aber ich sehe in Jesus etwas ungemein Heiteres. Einen Menschen mit einer Überlegenheit, die sich wunderbar gütig gibt, mit einer großen und genauen Achtsamkeit auf Menschen und Verhältnisse. Aber diese Heiterkeit ist alles andere als naiv. Aus ihr ergibt sich ein Leben, das realistisch bleibt und mühevoll, das aber gelöst und unverkrampft von dem zehrt, was ein freundlich beteiligter Gott ihm an Kräften gibt, und vertrauend angeht, was er ihm vor die Füße legt. Seligkeit ist für Jesus eine von Gottes Kraft getragene, unantastbare Gewissheit, die sich nicht zu fürchten braucht. Seine Regeln zur Sorglosigkeit gründen auf erfahrbaren Umkehrgesetzen, die sagen: Wenn du deine Hoffnung bewahren willst, musst du deine kleine Hoffnung auf den Erfolg deines Werks lassen können. Um Halt zu finden, musst du den Halt, den du an dir selbst suchst, aus der Hand geben. Um dich sicher zu wissen, musst du deine Sorge um deine Sicherheit weglegen. Wenn du das Leben finden willst, musst du die Wagnisse und die unberechenbare Lebendigkeit des Lebens lieben. Wenn du als freier Mensch leben willst, musst du dich von dem binden und bestimmen lassen, was dein praktisches Leben von dir verlangt. Jede Weigerung macht dich unfreier.

Aus der Leichtigkeit heraus, mit der Jesus von Blumen und Vögeln spricht, höre ich ihn weiter fragen: Weißt du eigentlich, wie lebendig, wie farbig dein Leben sein kann? Wie viel Wahrheit, wie viel Schönheit und Frieden es für dich hat? Recke die Flügel! Vertraue dich dem Element an, das dich hebt! Verlasse dich darauf, dass die Luft trägt! Jesus sucht Menschen, die die Hände frei haben, die ihre Kraft, ihre Phantasie und Liebesfähigkeit einsetzen können, wo es nötig ist, in ihren vier Wänden, vor ihrer Tür oder sonstwo. Sorglosigkeit und entschlossener Einsatz aber sind bei ihm keine Gegensätze. Sie bedingen einander. Nicht sorgen – das heißt das Notwendige tun. In voller Freiheit. Ohne Angst um das eigene Sein. Ohne Angst um die eigene Freiheit. Ohne Angst um die eigene Selbstverwirklichung. Was zu verwirklichen ist, ist das Reich Gottes und seine Vollendung in Gerechtigkeit, alles Übrige widerfährt uns, wie Gott es will, und hat darin seinen Sinn.

Jesus meint durchaus nicht, der Glaube sei eine Sache für Blumenkinder. Er sagt aber, wir Menschen seien in der Gefahr, in Angst und Sorge zu erstarren und dabei unseren Auftrag und unser Glück zu verfehlen. Nicht sorgen heißt nach ihm ja nicht, wir sollten uns keine Gedanken machen, nicht planen, nicht auf das Nötige achten, wohl aber, wir sollten dies alles ohne Angst tun. Wir sollten nachdenken, worüber nachzudenken andere vermeiden. Wir sollten wach sein und nicht unsere Zukunft verdrängen. Wir müssten das können, wenn wir nicht unser ganzes Leben hin Gejagte bleiben wollten.

Die Sorglosigkeit, die Jesus uns zeigt, ist etwas anderes als der Gleichmut des Weisen. Sie ist auch nicht die Gefühllosigkeit dessen, den das Leben und die Menschen nicht interessieren. Nicht die Harmlosigkeit dessen, der vom Verhungern der Vögel nichts wahrnimmt oder vom Verdorren der Blumen. Sie hat ihren Ursprung vielmehr in der Hoffnung. Jesus wusste vom Menschen zu viel, um sich die Erlösung der Welt von unserer menschlichen Selbstbehauptung zu versprechen.

Jesus sagt mit all dem: Gott will euren Glauben nicht, damit ihr am Ende unfrei bleibt mit den Unfreien, blind und gebunden mit den Blinden, taub mit den Tauben, resigniert oder in Traditionen gefangen wie alle anderen, die aus ihrer Angst nicht freikommen. Er will, dass ihr etwas zu sagen habt, dass ihr eurer Welt frei gegenübertretet, fähig, sie zu begreifen und zu verändern. Er will, dass ihr eine sinnvolle, heilende Arbeit an den Menschen und den Dingen tut, an Aufgaben und Schwierigkeiten aller Art.

Jesus sagt mir: Lass los, was dich bindet. Lass los, was dich ängstet. Lass los, was dir zur Last wird. Etwa deinen

Reichtum. Spanne dich frei aus nach dem, was kommt. Bleibe geduldig. Übernimm, was dir an Leid zugeteilt ist, und vertraue. Sei barmherzig. Urteile über niemanden. Sei eindeutig. Halte Widerstand aus. Meide die Gewalt. Bitte Gott um das reine Herz. Du wirst mitten im Wirrwarr der Menschenwelt Augen haben, die Gott schauen.

Es ist immer wieder dasselbe Bild: Bei Jesus ist die Anweisung nie das Erste. Er stellt keine Forderungen an den Anfang, er bejaht die Menschen zuvor. Er nimmt sie erst einmal ernst. Er schickt sie nicht in einen Kampf, sondern schafft zuerst Frieden in ihnen. Er segnet sie erst einmal und zeigt ihnen mit diesem Segen den Sinn ihres Weges. Er verstellt ihnen nicht mit unerfüllbaren Forderungen die Zukunft, sondern weckt in ihnen zuvor die Hoffnung auf das Gottesreich. Er sagt zuerst: Das Reich kommt ohne euer Zutun, aber ihr seid in sein Kommen von Anfang an einbezogen.

Und so können sie ihre Sorgen auch vor der Übermacht irgendwelcher anderer Menschen ablegen. Glaube hat bei Jesus immer damit zu tun, dass ein Mensch mit einer wirkenden Kraft rechnet, wo andere sie nicht erwarten. Glaube ist ein Sprung, den ein Mensch wagt, obwohl er Furcht hat, zu springen, in dem Vertrauen, dass ihn einer auffängt. Glaube geht mit einer gewissen Leichtigkeit auf die Aufgaben des Tages zu angesichts der Klarheit, mit der Jesus sein Schicksal übernahm.

Als Jesus zum ersten Mal öffentlich auftrat, begründete er seinen Weg zu den Menschen so: »Der Geist Gottes ist über mir. Er hat mich berufen, das Evangelium den Armen zu verkündigen, den Gefangenen zu sagen, sie würden frei werden, den Blinden, dass sie sehen, und den Geschlagenen, dass sie heil sein sollen, und zu verkündigen die Zeit, in der Gott hilft.« (Lukas 4,18–19)

Er begründet die Freiheit seines Auftretens mit der Weisung des Gottesgeistes. »Der Geist Gottes«, sagt er, »ist über mir wie ein Licht oder wie ein Stern.« Wo du also auf den Geist und seine Kraft vertraust, wirst du fähig, ungewohnte Gedanken zu fassen und etwas zu tun, wozu du sonst nicht die Kraft hättest. Da findest du eine Gewissheit, die du sonst nirgendwo herbekämst. Du findest die Kraft, zu bewegen, zu steuern, zu heilen und zu versöhnen, etwas in die Erde zu pflanzen in dem Vertrauen, es werde etwas Gutes und Weiterführendes aus ihm entstehen. Denn es wächst kein Baum ohne Gottes Geist. Kein Blatt formt sich, keine Frucht reift ohne Gottes Geist.

Jesus beschreibt seinen Auftrag so: Meine Aufgabe ist, unter dem Licht dieses Sterns, des Geistes, abzusteigen dort hinab, wo die Dunkelheit der menschlichen Seele am dichtesten ist. Die steile Treppe hinab in die lichtlosen Gelasse, in denen die Türen verschlossen sind und die Menschen gebeugt und gefesselt dahinleben. Er sagt: Ich werde hinabsteigen, ich will das Obere mit dem Unteren heilend verbinden, aber ich werde dort nicht versinken, denn der Geist ist über mir. Es liegt über der Rede Jesu etwas wie eine Erinnerung an die Schöpfungsgeschichte, in der über dem Gemenge von chaotischen Mächten der Geist war und auf das schaffende Wort hin das Licht aufleuchtete. Der Stern über dem Dunkel und der unter dem Stern absteigende Christus – das ist ein Bild von der Kraft eines großen Symbols.

Reden wir aber von den Gefangenen, den Blinden, den Niedergebeugten und den Gefesselten, die Jesus meint, reden wir also von den dunklen Kellern, in denen unsere eigene Seele gefangen ist oder die Seele anderer, reden wir von der Verletztheit, dem Elend, dem Leiden der Kreatur, auch der Tiere oder der Landschaften, dann wird es entscheidend sein, ob wir einfach ins Dunkel geraten, oder ob das Licht des Geistes über dem dunklen Schacht steht. Ob wir also über das Dunkel klagen oder uns der Sorglosigkeit anvertrauen, die aus dem Geist kommt.

Viele unter uns werden schwermütig bei allem aktiven Tun. Das verkrampfte Wollen und Machen, Sich-Sorgen, Sich-Ängsten führt dazu, dass die Kräfte nicht fließen, sondern stocken. Es führt zur Lähmung der Herzen, zuletzt zum Herzinfarkt der Seele. Aber Jesus weist uns von uns selbst weg und auf sein großes Symbol vom Weinstock. Er sagt, du bist eine Rebe am Weinstock. Hindere den Saft nicht zu fließen und zu strömen, dann lebst du. Dann wächst etwas aus dir. Die Kräfte, die du brauchst, hast du nicht in der Hand, sie fließen deiner Hand zu.

Was wir unter Christen »Gelassenheit« nennen, ist eine Art anhaltender Geistesgegenwart, die den Glaubenden souverän macht, unabhängig, gesammelt und bescheiden zugleich. In ihr liegt das Vertrauen, dass die Höhen und Tiefen des Lebens nicht nur eine Oktave umspannen, sondern viele, über unsere Hörfähigkeit hinaus unendliche. Und dass diese entfernten Töne uns hörbar werden in dem Augenblick, da sie für uns bestimmt sind.

Hier liegt auch das begründet, was wir unter Christen als »Freude« bezeichnen, die uns erfülle. Auch was wir als »Lob Gottes« beschreiben, nämlich das sorgenfreie Einvernehmen mit Gott, mit seiner Welt, mit den Menschen und mit uns selbst, und die Zuversicht, es werde alles, unser Schicksal, das der Menschen, das der Welt ein gutes Ende nehmen.

Was uns also als eine der entscheidenden Tugenden innerhalb einer christlichen Umweltethik angeboten ist, ist die freundliche Seinsverbundenheit mit allem, was in unserer Welt lebendig und gegenwärtig ist. Sie ist der Ausdruck von Hingabe, Gelassenheit und innerem wie äußerem Frieden. Sie ist das Ende des verhängnisvollen Krieges, den die heutige Menschheit gegen die Natur führt. Und sie könnte der entscheidende Ratgeber sein auch für eine künftige sinnvolle und heilsame Umweltpolitik.

»An ihren Taten werdet ihr sie erkennen«

Der Sinn einer Berufung in die Nachfolge Christi ist die Befähigung zu praktischem Handeln in den Bedingungen nicht des Reiches Gottes, sondern dieser Welt. Jesus wollte nicht die hilflosen Träumer, und er wollte nicht die anpassungsfähigen Schwätzer, er wollte Menschen, die ein Ziel wissen. Er wollte Menschen, die auf ihn zu durch ihr Leben gehen und dabei die Welt ändern: einfach durch das Wort vom Gottesreich und durch das Zeichen ihrer Hingabe, die ein Hinweis auf Christus ist.

Er wollte, wie Paulus es ausdrückt, Menschen, die »im Geist wandeln«. Ein wenig altväterisch klingt das Wort »wandeln« in der Übersetzung Luthers. Ich wüsste aber nicht, wie man es genauer sagen sollte. Sie tun, was Gott tut, aus dem Geist Gottes. Gott hat Bilder von Dingen – und die Dinge entstehen. Gott spricht ein Wort – und das Ausgesprochene geschieht. Der Glaubende sieht das Bild einer Welt, die Gott gemeint hat, und handelt so, dass die Wirklichkeit etwas von Gottes Absicht annimmt. Er hört ein Wort und spricht es nach, und das Heilvolle geschieht.

Was aber ist das Heilvolle? Dasselbe, das durch Jesus geschah, als er in Galiläa wirkte: Es entstanden Tischgemeinschaften. Wer ihm nachhandelt, wird also alle, die in irgendeinem Sinn ausgesperrt sind, einbeziehen. Jesus wollte die Versöhnung der Zerstrittenen und Getrennten. Der Christ wird also versöhnend wirken, wo immer Streit und Hass Menschen trennen. Jesus zielte mit allem, was er tat, auf das Reich ab. Ein Christ wird also auf ein Ziel zu handeln: die Gemeinschaft der Gerechten und der Ungerechten, der Reichen und der Armen, der Frommen und der Gottlosen. Einbeziehend, versöhnend, zielgerichtet – das werden Merkmale christlichen Tuns sein. Das alles hat freilich nicht den Sinn, Gegensätze aufzuheben, Konturen zu verwischen und eine Nacht herzustellen, in der alle Katzen grau sind. Es soll vielmehr eine Gemeinschaft entstehen, die verwandelt. Ihre verwandelnde Kraft empfängt sie aber von dem Christus, der wollte, dass sie alle an seinem Tisch sind. Eine Gemeinschaft, die sich aussondert und unter sich bleibt, verwandelt nicht.

Ein Christ wird tun, was Jesu Absicht war, und er wird es in voller Freiheit tun. Ein Christ ist ein freier Mensch und ein gebundener zugleich, und er ist ein freier Mensch mitten in aller Gebundenheit. Er ist ein freier Mensch und kann tun und lassen, was er will, und selbst dazu ist er nicht verpflichtet. Er kann auch in aller Freiheit nach dem Willen eines anderen leben. Er braucht seine Freiheit nicht zu beweisen oder zu demonstrieren. Er hat sie.

Er wird sich auf den Geist Gottes verlassen, der ein Geist der Freiheit und der Inkarnation zugleich ist. Er wird glauben – denn alles christliche Handeln ist ein Glauben –, dass, wer sich auf den Geist verlässt, mehr kann als er allein und aus sich selbst könnte. Vielleicht ist dies überhaupt »christliche Ethik«: dass einer sich auf den Geist der Freiheit und der Leibwerdung verlässt und dann mehr tut, als er von sich aus könnte, ohne dass es mehr zu scheinen braucht.

Christus heute nachfolgen

Ich stelle also fest: Über die konfessionellen Probleme der Kirchen ist die geschichtliche Stunde längst hinweggegangen. Die Erde ist längst rund geworden. Längst hat die Suche begonnen nach Werten und Maßstäben, die für die ganze Menschheit gelten müssen, wenn die Menschheit denn überleben will. Millionen Menschen, die fremden Religionen angehören, leben mitten unter uns. Nicht nur Kirchen stehen in unserem Land, sondern auch Moscheen und große und kleine Heiligtümer zahlloser Religionen.

Wollen wir etwas für den Frieden tun, den Frieden in unserem Land und den Frieden rund um die Welt, so werden wir nichts erreichen, wenn wir es nicht zusammen mit allen zum Frieden willigen Menschen tun. Wollen wir etwas gegen Hunger und Elend unternehmen, so werden unsere Hilfsorganisationen immer hilfloser werden, wenn es nicht zu einem globalen Zusammenwirken zwischen all denen kommt, die noch etwas davon wissen, was Gerechtigkeit ist. Wollen wir etwas gegen die Zerstörung der Erde tun, so werden wir uns ungleich umfassender als bisher mit all denen verbünden müssen, die bereit sind, sich irgendwo gegen den heute grassierenden weltweiten wirtschaftlichen Fundamentalismus zu stellen. Wir können durchaus jedem Andersgläubigen sagen, dass wir Christen sind und nichts anderes, aber wir werden nicht als die Rechthaber auftreten, sondern als die glaubwürdigen Zeugen unseres christlichen Glaubens.

Gewaltfreies Handeln wird am besten in kleinen Gruppen eingeübt. Gerechtigkeit, Frieden entsteht am konkretesten dort, wo irgendein ungerechter Zustand bedacht und beseitigt wird. Versöhnung zwischen den Religionen geschieht, wo ein fremder Mensch in einer deutschen Stadt nicht als Fremdkörper, sondern als ein geschütztes Zeichen von irgendetwas Gemeinsamem empfunden wird. Wo etwa ein paar Christen einigen türkischen Kindern helfen, Deutsch zu lernen. Und was sie dabei selbst lernen können, ist das Verstehen einer fremden Religion. Vielleicht lässt sich auf solche oder ähnliche Weise erreichen, dass wir auf Kampfpositionen verzichten und darauf, die Schlachtreihen für einen kommenden kulturellen Krieg auszurichten.

In den heutigen Schwierigkeiten liegt etwas Tragisches. Als Nikolaus von Kues im 15. Jahrhundert für eine Verständigung mit dem Islam warb, traten die Türken eben am Rand Europas als das große Angstbild auf, und der Fall von Konstantinopel machte alle Versuche einer neuen Gemeinsamkeit zunichte. Heute, da es so dringend scheint wie nie, dass Christen und Muslime zu Frieden und gemeinsamem Tun finden, tritt der Islam als das große Angstbild des Terrorismus auf – obwohl Islam und

Terror kaum mehr miteinander zu tun haben als das Christentum und seine Gewalt- und Ausbeutungspolitik – und wieder macht die Angst die Chancen zum Frieden zunichte.

Dabei könnten wir Christen wissen, dass man dem Terror, der in aller Regel das Gesicht einer politischen Verzweiflung trägt, mit Gewalt gerade nicht beikommt, ob er nun in Kurdistan, in Palästina, in Afghanistan oder weltweit auftritt. Ich bin etwa zwanzigmal zu Studienreisen und für Reportagen in den arabischen Ländern gewesen und weiß daher, dass die konsequente Weigerung der westlichen Welt, nach den Ursachen des islamischen Terrors zu fragen, der unweigerliche Beginn eines künftigen Kampfes der Kulturen sein wird, wenn wir Westler nicht umzudenken beginnen.

Es hat zwar seinen Sinn, wenn heute, in der verschwimmenden religiösen Situation, nach dem protestantischen Profil gerufen wird. Es hat immer sein gutes Recht, wenn eine Kirche sich fragt, was es eigentlich sei, von dem sie lebt, von dem sie redet. Es könnten aber Zeiten kommen, in denen es seinen Sinn verliert, ein christliches Profil gegenüber anderen Profilen aufzustellen, in denen eine allzu kämpferisch gegen andere gerichtete Selbstdarstellung vielleicht blind macht für die geistlichen Aufgaben einer bestimmten Zeit.

(...)

Was heute überdeutlich werden kann, ist, dass wir alle miteinander von viel zu vielem herkommen und auf viel zu weniges zugehen. Wir schleppen unendliche Lasten mit uns und haben die Hände nicht frei. Wir leben zu viel nach Plan und wissen zu wenig von offenen, noch nicht kartografierten Wegen. Wir türmen zu viel von oben auf die Erde und übersehen, was aus der Erde wachsen will, aus dem lebendigen Wurzelwerk des Volkes Gottes. Wir achten noch immer zu viel auf unsere Oberherren, Oberlehrer und Oberrichter und zu wenig auf die Armen im Geist, an die wir gewiesen sind. Aber nur eine Kirche, die von unten wächst, weil sie von dem Geist ihr Leben hat, der von oben kommt, wird ernsthaft in der Sukzession der frühen Christengemeinde stehen, in der das Amt und die charismatische Gemeinschaft noch aus derselben Wurzel lebten.

Wer sich in heutigen Massenmedien, ob im Fernsehen oder auf einem Kirchentag, als glaubwürdig erweisen will, wird es in dem Maß werden können, in dem er als der eine, freie, dem Gespräch zugewandte Mensch, der er ist, das Eine vertritt, das die Kirche Jesu Christi auf dieser Erde zu vertreten hat. Und seien wir uns darüber klar, dass in den letzten fünfzig Jahren in dieser Richtung viel versucht und auch eingeübt worden ist, dass wir aber ein Rezept für jedes einzelne Medium nicht gefunden haben. Wir müssten dafür genauer wissen, in was für einer Welt wir überhaupt leben und in was für einer Menschheit. Vor unseren Augen formiert sich ein Bild von unserer Welt von alarmierender Unübersichtlichkeit, und wir können nur hoffen, es werde sich in überschaubarer Zeit herausstellen, was es denn mit der Moderne, der Postmoderne oder vielleicht gar der Nachpostmoderne auf sich habe. Wenn Gottes Geist mit uns ist, wird uns die Stunde deutlich sein und die Situation, in der wir unser Wort zu sagen haben.

Der christliche Glaube wird in hundert Jahren gewiss nicht weniger wahr sein als heute. Vielleicht werden den Menschen andere Bilder und Gedanken an ihm wichtig sein als uns heute. Vielleicht werden unsere Kirchen anders sein. Vielleicht kleiner. Das wäre noch kein Unglück, sondern ein Schritt in die Redlichkeit ihrer Erscheinung. Vielleicht ärmer. Auch das wird kein Unglück sein, sondern ein Schritt auf dem Weg zu ihrer Christusgestalt. Vielleicht machtloser. Die Zeit, in der man von einem »Öffentlichkeitsanspruch« der Kirche geträumt hat, ist heute schon vorbei. Es ist heute schon eine deutliche Täuschung zu meinen, die Kirche gewinne an Präsenz und Wirkung mit jeder Sendezeit, die ihr irgendein Programm einräumt, oder mit jeder öffentlichen Aktion, nur weil sie stattfindet und eine Pressestelle besitzt.

Was die Wahrheit des christlichen Glaubens sei, wird heute zwangsläufig von uns allen gemeinsam zu vertreten sein, gleich welcher Kirche oder Konfession. Dass jemand heute aus der evangelischen Kirche austritt, weil ihm der Papst missfällt, ist nicht nur ein Missverständnis, es ist auch durchaus begründet. Wir sitzen alle im selben Boot. Und ob es das Boot ist, in dem Jesus Christus unterwegs ist, ist dabei die Kernfrage. Das politische und publizistische Grundmuster von heute ist weltweite allseitige Abhängigkeit, weltweit vernetzte Verabredungstechnik und, was Staaten oder Wirtschaftsräume betrifft, weltweite Begrenzung von Machtausübung, Ausdehnungsdrang und Selbstdurchsetzung. Es ist Stimmengewirr und Gesprächsbedarf im offenen Innenraum der einen Welt. Es fragt sich, ob unsere Kirchen in absehbarer Zeit fähig werden können zu einem Wirken in gemeinsamer, weltoffener Glaubwürdigkeit.

Ein Christ wird, wenn das Kreuz von Golgata für ihn noch irgendeinen wichtigen Sinn haben soll, niemals herrschend auftreten, niemals mit der Geste des Überlegenen, niemals auf jemanden herabblickend. Er kann immer nur dienend, arm, leidensbereit und geschwisterlich auftreten wie der Arme von Nazaret. Er kann immer nur zum Gespräch einladen, zum Austausch von Gedanken und Erfahrungen, und er wird, was er zu sagen hat, immer nur bezeugend und einfach, niemals laut und deklamatorisch vermitteln. Er kann, was ihm an fremder Glaubensüberzeugung begegnet, immer nur durch verstehende und hörende Liebe überwinden wollen. Freundschaft mit fremden Gedanken und Bekenntnis zur eigenen Überzeugung sind, so scheint mir, durchaus zu vereinbaren.

Denn lieben kann ich das Fremde auch in seiner Fremdheit; und es ist ein Kernsatz unseres christlichen Glaubens, dass ich lieben muss, was ich verstehen will, und dass es kein Verstehen gibt anders als auf dem Wege des Liebens.

Die Situation, in der wir leben, ist über die bloße Abgrenzung einen gewichtigen Schritt hinausgegangen. Das mag mit den traditionellen Mitteln der Theologie von heute schwer darzustellen sein. Aber dieser neue Weg steht faktisch vor uns. Und er erlaubt kein Ausweichen.

Es zeigt sich heute überdeutlich, dass der Mensch, Homo sapiens sapiens, auf dieser Erde intelligent genug ist, seine eigene Kultur und seinen Planeten zu zerstören, aber zu einfältig, um dabei zu überleben. Es muss sich zeigen, ob die Religionen dieser selben Erde eine Weisheit haben, Wege zu zeigen, auf denen das Leben bewahrt werden kann.

Wer noch etwas weiß vom Geist Gottes, der geht wacher durch die politische Landschaft, der erwartet noch freie Wege, wo alles in Sackgassen zu enden scheint. Der gibt die Hoffnung nicht auf und auch nicht die Arbeit an der Zukunft. Der geht auch durch sein eigenes Leben aufmerksamer, dankbarer, sensibler. Zum Staunen fähiger. Zum Verzicht bereiter. Vielleicht ist es noch nicht zu spät.

Wanderer Gottes – die Kirche

Letztlich ist die Kirche nichts anderes als eine durch die Jahrhunderte hin während Wanderung von Menschen, die ihr Leid vor allem darum tragen können, weil es neben ihnen Menschen gibt, die mittragen und die das Modell und Muster ihres Weges in dem Christus sehen, der auf der Straße an den Ort des Todes sein Kreuz trug.

Das Evangelium spricht von der Kirche als von dem »wandernden Gottesvolk«. Es spricht nicht von einer Institution, nicht von einer Behörde. Nicht von einer sesshaften politischen Macht. Sondern von einer Wandergruppe, von uns, den Wandernden. Und da können wir irgendwann einmal bemerken, dass wir unseren eigenen Weg nicht gegangen wären und nicht hätten finden können ohne die vielen, die vor uns unterwegs waren. Uns fällt auf, dass wir spät in diese Kirche hineinkamen, dass sie älter ist als wir und dass alles, was wir von Gott und von Jesus wissen, ohne sie niemals bis zu uns gedrungen wäre.

Ich stelle mir jedenfalls die Wanderer auf dem Jakobsweg vor, wie sie an den Abenden nach einem Wirtshaus Ausschau halten und wie sie, wenn sie eins gefunden haben, müde, verschwitzt und verdreckt durch die Tür kommen. Sie brauchen ein Essen. Sie brauchen einen Schlafplatz. Nach meiner Auffassung erfüllt die Kirche viel von ihrer Bestimmung, wenn sie sich zu einem solchen Wirtshaus eignet. Sie muss ein Raum sein, in dem die Menschen zur Ruhe kommen, in dem ihnen eine Mahlzeit geboten wird. Mut für den nächsten Tag. Heilung für verletzte Füße. Zuwendung. Wegweisung für den nächsten Morgen. Begleitung auch. Ich finde es außerordentlich welt- und lebensfremd, Kirchen über die ganze Woche geschlossen zu halten.

Wenn ich in Damaskus in die große Omajadenmoschee komme, treffe ich dort keine Bankreihen an, sondern Teppiche. Rote Teppiche über den gesamten Fußboden, über ungefähr siebzig Meter Breite und hundertfünfzig Meter Länge. Am einen oder anderen Pfeiler lehnen Schulkinder und machen ihre Aufgaben. Zwischen niedrigen Brüstungen sitzen alte Männer im Kreis und reden. Einer kniet irgendwo einsam, betend. Da und dort sitzen Marktfrauen auf dem Fußboden und ruhen von den langen Stunden im betriebsamen Basar. Kleine Kinder spielen. Einige schlafen. Zwei Männer verhandeln. Vielleicht will der eine dem anderen etwas verkaufen. Alles ist sehr leise. Der riesige Raum schluckt jeden Ton. Alles atmet Frieden, Stille, Ruhe. Man misst die Zeit kaum. Es ist eine Atmosphäre von Gastlichkeit, wie ich sie in unseren christlichen Kirchen, auch in unseren großen Kathedralen, noch nirgends gefunden habe. Wie ungezählte andere Moscheen des Nahen Ostens spielt dieser Raum in einer betriebsamen Stadt die Rolle eines großen Wohnzimmers. Wann wird unseren Kirchen etwas von dieser Gastlichkeit eignen? Was empfangen denn die Millionen Touristen, die allsommerlich unsere alten Dome besichtigen? Kommen sie zur Ruhe? Können sie begreifen, dass hier jemand auf sie wartet? Gehen sie mit mehr Frieden wieder auf die Straße hinaus?

Dabei hat der christliche Glaube ein Zeichen der Gastlichkeit von unschätzbarem Wert. Er feiert das Essen von Brot und Wein. Das zentrale Sakrament ist ein Essen. Und dieses Essen erzählt nicht nur von einer Liebestat Gottes. Es erzählt nicht nur von einem abendlichen Essen, bei dem Jesus Christus Gastgeber war und bei dem er gesagt hat, wir sollten das zu seinem Gedächtnis fernerhin so halten. Es erzählt nicht nur von jenen fröhlichen Gastmahlen in Galiläa, zu denen Menschen aller Sorten und aller moralischen Qualitätsstufen zugelassen, ja eingeladen waren und die vorausgedeutet haben auf das Festmahl, das Gott mit uns feiern werde am Ende der Tage. Es erzählt von einer Wandlung. Die katholische Kirche spricht davon, Brot wandle sich in den Leib Christi, der Wein in sein Blut. Das magst du deuten, wie du kannst und willst. Aber die andere Wandlung, von der dieses Mahl spricht, ist die, die an dir selbst geschieht, an deinem Herzen, an deiner Seele, an deinem Geist.

Als ein abgehetzter Mensch kommst du an den Tisch, und als ein Kind Gottes verlässt du ihn. Als ein beladener kommst du, als ein versöhnter, entlasteter verlässt du ihn. Als ein heimatloser Mensch kommst du und findest ein Recht und eine Hoffnung auf Heimat. Und schau auf die anderen: Ein Einzelner kommt, ein Bruder, eine Schwester der anderen geht. Ein Verlassener kommt, ein Begleiteter geht. Ein Leidender kommt, ein Getrösteter geht wieder hinaus auf die Straße. Wie immer man diese Wandlung beschreiben will, sie ist der Sinn des heiligen Mahls. Wohl einer Kirche oder Gemeinde oder einer Ge-

meinschaft von Christen sonst, die wissen, dass sie Gastgeber an einem Tisch sind, an dem es um das Heil und
den Frieden von Menschen geht, und die wissen, dass
an diesem Tisch eine Wandlung mit ihnen und mit ihren
Gästen geschehen soll.

Und wo ein Tisch ist, hat dieses Volk sein Haus, ob es
eine Höhle ist, eine Hütte, ein Schloss, eine Fabrik, eine
Kathedrale. Es hat den Schutz und die Festigkeit eines
Hauses um sich. Und wenn dieses Mahl wie in Krieg und
Gefangenschaft im Schlamm unter freiem Himmel und
nicht mit Wein, sondern mit Wasser gefeiert wird, hat es
doch das Haus um sich, in das der »verlorene Sohn« am
Ende heimkehrte, das Haus, das Gott selbst ist.

Ich träume jedenfalls von einer Kirche, die keine Türen
hat und schon gar keine Schlösser an ihren Türen. In die
wir hineingehen können oder hinaus, in voller Freiheit,
weil das Innen und das Außen eins sind.

Ich träume von einer Kirche, deren Wände sich auflö-
sen und sich verlieren, so, dass das Licht von allen Seiten
eindringt; von einer Kirche, die sich selbst und ihre Grenzen und Wände nicht wichtig findet, die ihr Dach und
ihre Wände und Pfeiler dem Glanz des Himmels zum
Opfer bringt.

Ich träume von einer Kirche, die durchscheinend wie
Glas ist. Oder noch mehr: von einer Kirche, die so offen
und so frei ist wie die Welt selbst. Denn die Kirche ist
doch wohl nicht eine Institution innerhalb der Welt. Sie
ist vielmehr die Welt selbst, soweit in ihr das Wort von
Christus ergeht.

Eine neue alte Kirche bauen

Wenn wir in die Zeit zurückdenken, in der die Kirche entstand, so stehen drei Bilder vor unseren Augen. Das erste ist das eben geschilderte: Die Kirche ist eine Wanderbewegung, von Gottes Geist getrieben, die Wanderbewegung der Bevollmächtigten, die den Willen Gottes kundtun.

Das zweite Bild ist das der offenen Gastmahle, die Jesus mit den Menschen seiner Heimat gefeiert hat, wenn er sie in ihren Hütten aufsuchte. Jene Gastmahle, die er Hochzeiten nannte, Hochzeiten zwischen Gott und den Menschen. Diese Feste waren laut und fröhlich, sie waren Zeichen für die Zukunft der versammelten Menschen bei Gott. Da bezeichnete Jesus sich selbst als den Bräutigam, der seine Braut, das Volk Gottes, heimführte. Und dieses Volk durfte sesshaft sein. Es durfte sich niederlassen.

Dazu kommt ein drittes: Wovon lebte dieses wandernde Volk, wenn es sich zum Mahl niederließ? Da erscheint das festliche Bild von Brot und von Wein als der Nahrung, die in ihrem Kreis gegeben und empfangen wurde. Brot und Wein gibt Jesus Christus seiner Kirche auf ihre Wanderung mit, und die Kirche wandelt sich dabei selbst in das Brot und den Wein für die Menschen. Die Menschen wandeln sich, wie es Paulus darstellt, selbst in Abbilder des Christus. Sie erscheinen als Brot und Wein für die Menschen.

In den Erinnerungen, die mir aus meiner Kindheit geblieben sind, ist mir eine bestimmte Situation von vor mehr als achtzig Jahren unauslöschlich: Als ich sechs Jahre alt war, lebte ich längere Zeit im Haus meiner Großeltern. Mein Großvater, ein großer, starker, bäuerlicher Mensch, war der Polizeichef eines Landkreises.

Er pflegte von Dort zu Dorf zu gehen, oft zu Fuß, um nach dem Rechten zu sehen. Dabei ging ich an seiner Hand mit ihm. Wenn wir in ein Dorf kamen, war ich müde und empfand es als eine herrliche Sache, dass da ein Gasthaus war. Es war eine Erlösung: Wunderbar! Ein Wirtshaus! Ein Glas Most bekam ich und ein Stück Brot und durfte bleiben, bis der Großvater das Gespräch mit irgendeinem Bauern beendet hatte.

Dieses Einkehren wurde mir zu einer Art von Urerfahrung: Das gibt es! Dass einem Menschen diese Gnade widerfährt, sich an einem Tisch niederlassen zu dürfen. Die Wanderung, von der er müde geworden war, sollte in einem starken Schutz und an einer starken Hand gegangen werden. Danach aber dürfte er sich niederlassen. Und später, auf einem anderen Weg, an derselben Hand nach Hause gehen.

Und so ist es für mich nur selbstverständlich, dass sich mir das Bild der offenen Gastmahle Jesu in Kafarnaum und anderswo mit dieser Kindheitserfahrung verband und dass ich in der Kirche etwas Zweites sehe: Neben einer Gemeinschaft, die im Unterwegs lebt, ist sie mir immer auch eine Art von Gasthaus oder Herberge am Weg gewesen.

Ein gastliches Haus dieser Art steht ja zwischen anderen Häusern oder auch einsam an einem Waldrand und ist kenntlich an einem Schild, das einen Ochsen zeigt oder einen Adler. Die Tür ist offen. Wer durch sie geht, findet Menschen, die ihn empfangen, die sich um ihn kümmern und ihm Tisch und Bank anbieten. Der Gast findet Ruhe und Nahrung. Er kann Kräfte sammeln und Mut für den weiteren Weg.

Mir will jedenfalls scheinen, die Kirche habe im Kern ihrer Aufgabe etwas von einem solchen Wirtshaus an sich. Die Tür steht offen. Der Wirt sagt »Guten Tag!«. Fragen werden gestellt, was der Gast brauche. Worte des Dankes. Das Mahl ist einfach. Brot, Wein und Wort. Alles aber kommt darauf an, dass die Tür offen ist, dass jedermann eintreten darf, der hungrig und durstig vorbeikommt. Und nichts widerspricht diesem ihrem Charakter so gründlich wie die Frage, wer denn nun an diesem Mahl teilhaben dürfe und wer nicht. Nichts widerspricht ihm so sehr wie ein Saalschutz durch Kontrolleure, die prüfen, ob man dem Verein auch angehöre.

Ich will zum Abschluss noch eine Frage stellen: Woran ist einer Kirche anzumerken, dass sie ihren Weg an der Hand Gottes geht?

Wenn sie sich als Wanderbewegung versteht, dann wird sie nicht meinen, sie hätte irgendetwas im Alleingang zu leisten. Die Welt ist vom Geist Gottes geschaffen. Unseren Auftrag erkennen wir an der Kraft des wehenden Geistes. Was durch uns geschieht, muss nicht durch uns allein getan werden.

Gilt das, so wird man einer Kirche nichts anmerken von Sorge oder Ängstlichkeit. Sie hat den Kopf frei von aller Sorge um sich selbst und ihren Bestand, frei für die Sorge um die Menschen und um die Welt. Ich kenne viele Christen dieser Art.

Ich denke mir also eine Kirche, die leicht und sicher offensteht für das, was heute nötig und wichtig ist. Die über ihre eigenen Zäune und Hecken hinaussieht. Die mit allen Menschen in fremden Konfessionen und Religionen im Gespräch lebt und mit allen Gruppen und

Kräften der Menschheit nach einem menschenwürdigen sozialen Gefüge sucht.

Ich denke mir eine Kirche, die aufhört, für ihre Rechte zu streiten. Die weiß, dass es keinen Weg zum Frieden gibt, wenn nicht der Weg zum Frieden schon im Frieden gegangen wird.

Ich denke mir eine Kirche, die sich nicht fürchtet vor ihren eigenen Außenseitern, den Suchenden, den Weltkindern und den vom Geist Begabten. Die keinen Kampf gegen Andersdenkende, sondern nur das freie Gespräch mit dem Ziel des Einvernehmens sucht. In einer Kirche des Geistes Gottes jedenfalls wird nicht ausgegrenzt, sondern einbezogen.

Ich denke mir eine Kirche, in der man die Träumer liebt, die neue und andere Gedanken denken. Wer die Wirklichkeit kennt und die Träume zugleich, der weiß auch, dass nichts die Wirklichkeit so gründlich verändert, wie Träume es tun, und dass jede große Veränderung der Wirklichkeit von jeher mit Träumen begonnen hat.

Uns Menschen ist normalerweise, so sagt man, der Spatz in der Hand lieber als die Taube auf dem Dach. Auch den Christen. Wer aber vom Geist Gottes etwas weiß, dem wird die Taube auf dem Dach jederzeit wichtiger sein als der Spatz in der Hand. Und ich bin sicher, ihm wird ein noch so kleiner Spatz auf dem Dach wichtiger sein als eine noch so fette Taube in der Hand. Einfach deshalb, weil der auf dem Dach sitzt und man also das Herz und den Kopf nach oben wenden muss, wenn man ihn sehen will.

Einer von dieser Art sorgloser Christen hat mir einmal gesagt: »Selig sind, die Heimweh haben, denn sie werden nach Hause kommen.« Als ich ihn fragte, worin denn die

Logik dieses Satzes bestehe, meinte er: »Kopfweh hat nur ein Mensch, der einen Kopf hat, und Heimweh nur einer, der eine Heimat hat. Und wohl dem, der sein Heimweh nicht wegschwatzt, weglärmt oder wegschuftet. Der sehnsüchtige Mensch in dir ist der eigentliche Mensch, der du bist. Und der Mensch, der eine Heimat hat, wirst du in Ewigkeit sein.«

IV.

Die Augen des Herzens öffnen

Wie wir heute beten können

Vom Glauben sprechen

Ist es heute schwieriger geworden zu beten? Ich meine ja. Es ist schwieriger. Aber diese Tatsache zwingt ja nicht zu der Feststellung: Also hat das Gebet seinen Sinn und seine Wahrheit verloren. Warum sollten wir nicht um etliches mehr Mühe investieren, wenn der Sinn, wenn die Wahrheit unseres Daseins auf dem Spiel steht?

Wenn du der Meinung bist, du müsstest erst richtig an Gott glauben, ehe du anfangen könnest zu beten, dann sage einfach: »Gott, ich nehme an, es gibt dich. Wenn du also da bist, dann höre, was ich dir sage.« Und du hast schon gebetet. Und Gott, wenn es denn überhaupt Sinn hat, ihn zu glauben, hört. Und zwar nicht nur, was du redest, sondern auch, was es in dir denkt. Und zwar, wie ich meine, unabhängig davon, ob du ein Christ bist oder nicht.

Das Herzstück des christlichen Betens ist das Vaterunser. Wenn du nicht weißt, was du beten sollst, dann lass diese Worte an dir vorüberziehen. Auf einer Bank im Park, am Schreibtisch oder an der Nähmaschine. Es kommt Ordnung in deine Gedanken, Klarheit in deine Seele. Frieden. Nimm eine dieser Bitten heraus und betrachte, was alles in ihr liegt. Du kannst am Ende sagen: »Du bist im Himmel. Ich bin auf der Erde. Du hast mich auf diese Erde gesetzt. Du behütest mich. Du begleitest mich. Zeige mir meine Wege. Ich danke dir, dass du da bist. Amen.« Mehr muss es nicht sein.

Du hast keine Zeit? Das glaube ich nicht. Lass für eine Minute alles liegen. Lass alle Unruhe. Nimm dich einen Augenblick lang nicht so wichtig. Man braucht dich für diese eine Minute wirklich nicht. Man wird dich aber

nach dieser Minute entschieden besser gebrauchen können, weil du anders wiederkommst. Vielleicht hast du
wirklich nur zwanzig Sekunden. Dann sage still und gesammelt zwei- oder dreimal: »Ja!«

Und wenn du betest, dann nimm alle die mit in dein
Gebet hinein, die um dich her sind, auch die, die irgendwo am Ende der Erde wohnen oder am Ende der Straße,
in der du wohnst. Du lebst nie allein. Du lebst nie aus dir
selbst. Du kannst dich selbst nicht retten, nicht trösten,
du kannst nicht dein eigener Liebhaber sein. Das Netz
von Menschen und von Beziehungen, in denen dein Leben stattfindet, muss in deinem Gebet stets spürbar sein.
Dieses Wegsehen von dir selbst ist nicht nur das Zeichen
eines wirklichen Gebets, es ist auch der Ursprungsort jener Sorglosigkeit, die aus dem dankbaren Gebet erwach-
sen soll.

Das Gebet in diesem Sinn wird immer ein Reden sein.
Ein lautloses oder ein ausgesprochenes. Es wird immer in
Worten ergehen. Aber das ist auch seine Grenze. Das ist
seine Schwierigkeit. Immer muss etwas gesagt werden.
Immer müssen Sätze formuliert werden, und vielleicht
werden die gesprochenen Gebete auch deshalb oft so
leer und formelhaft, weil sie eben in Worten bestehen
müssen. Ich habe aber im Lauf meines Lebens mehr und
mehr gefunden, dass ich auch vor Gott und in Gott sein
kann, ohne zu reden.

Wenn ich glaube, dass Gott mein Wort hört, dann ist
mein Wort im Grunde unnötig. Dann hört Gott auch,
was ich denke, ohne dass ich es ausspreche. Dann sieht
Gott, was in mir ist, und nimmt mich an, wie ich, ohne
Wort, vor ihm anwesend bin, mich vor ihm ausbreite,
ohne mich oder irgendetwas in mir zu verbergen. Wenn

Menschen um mich sind, die von mir Worte des Gebets brauchen, dann bete ich mit Worten; aber mein eigenes Gebet wurde schon in jungen Jahren und dann im Laufe meines Lebens immer leiser, bis es fast nur noch in meiner wortlosen Gegenwart vor Gott besteht, einem wortlosen Hören auf das, was Gott redet, und einem wortlosen Befolgen dessen, was ich von ihm höre.

Die Gefahr des Betens mit Worten wird ja immer sein, dass es sich allzu sehr um die Wünsche oder Befürchtungen, um die Mittelpunktstellung des eigenen Menschen dreht. Im Gegensatz dazu sagt die Bibel, alle Dinge »lobten« Gott, auch die Tiere und die Bäume, auch die Sterne und die Erde, das Wasser, das Feuer, der Wind. Sie lebten ihr Leben, wie es Gott gemeint hat, und verwiesen mit der Weisheit, die in ihnen Gestalt gefunden hat, auf den, der ihnen ihre Gestalt und ihr Leben gab, den großen Künstler der Schöpfung. So ist das Gebet zuletzt immer ein Lob Gottes, ein Hymnus, der im Wort ergeht oder auch im Schweigen. Ein Hymnus, der alles einbegreift, was wir an Gott verstehen und was uns entzogen ist, in der Vermutung, dass alles, was uns an Gott unbegreiflich ist, nicht an Gott liegt, sondern an der Enge und Schmalheit unserer Gedanken über ihn; in der Vermutung, wenn wir die volle Wahrheit schauten, würde es Widersprüche und Dunkelheiten in Gott nicht geben. Der Weg nach innen ist auch der Weg des Glaubens an den einen Gott, der nicht nur überall ist, sondern auch in dir, der nicht nur Licht ist, sondern auch Dunkelheit für die Augen unserer Seele, aber in Wahrheit das reine Licht.

GOTT, ICH BEJAHE DEINEN WILLEN.
Ich möchte ihn bejahen.
Hilf mir. Ich kann es nicht allein.

Ich weiß, dass du mich hörst,
und ich weiß doch nicht, was ich sprechen soll.

Ich weiß, dass du mich führst,
und weiß doch keinen Weg.

Ich weiß, dass du mir mein Geschick zuteilst,
und kann es doch nicht annehmen.
Ich weiß, dass du meine Seele hebst und trägst,
und versinke doch in meinen schweren Gedanken.

Ich weiß, dass mein Wille und der deine eins sind,
und werde doch meine Angst nicht los.

Ich weiß, dass du mir Freiheit zugedacht hast,
und lebe doch im Kerker.

Ich weiß, dass dein Zeitplan anders ist als der meine,
und habe doch keine Geduld.
Ich habe dein Zeichen vor mir, dein Kreuz.
Ich weiß, dass ich dir am nächsten bin,
wenn ich mich ängste.

Ich weiß, dass du mich hältst, auch wenn ich falle.
Nein, Herr, ich weiß es nicht. Ich glaube es.

Ich möchte es glauben.
Trotz allem. Hilf mir.

Schauen

Den Weg des schweigenden Gebets nennen die Mystiker die »unio mystica«, das innerste Einssein mit Gott. Dieses innerste Einssein ist nicht so sehr ein himmlisches Ziel, in ihm liegt vielmehr der Sinn unseres Weges auf dieser Erde. In diesem innersten Einssein rühmen wir Gott. »Mein Leib und Seele freuen sich in dem lebendigen Gott«, sagt der Psalm (84,3).

Unser Auge ist offen, und wir schauen. Unser Auge aber und das, was es schaut, sind eins. »Wir schauen, und wir werden verwandelt in das, was wir schauen«, sagt Paulus (2. Korinther 3,18).

Die Geistes- und Kunstgeschichte der Religionen haben immer wieder versucht, für Gott ein Symbol zu finden, das zeigt, wie Gott die Mitte und zugleich das Umgreifende allen Seins sei. Sie zeigten sein Geheimnis als Kreis, als Rad, als Rose oder Rosette. Gemeinsam ist diesen Bildern der Gedanke, Gott sei ebenso im noch so kleinen Zentrum der Dinge wie in der Peripherie der Welt gegenwärtig, er ruhe in sich und bewege doch alles, er sei fasslich und unfasslich zugleich. So stehen über den Portalen vor allem der französischen Kathedralen die großen Rosetten, oft so gestaltet, dass sie einer Blume mit zwölf Blütenblättern oder einem Stern mit zwölf Strahlen gleichen. Und wenn wir Dante auf seinem Weg in die obere Welt, in die Herrlichkeit Gottes begleiten, sehen wir mit ihm, wie Gott sich dem geistigen Auge öffnet wie eine riesige, leuchtende Rose mit unendlichen Blättern.

Wenn das geschieht, schließt sich für uns endgültig der große, volle Kreisbogen und gibt uns eine leuchtende Ahnung von dem, was sein wird, damit wir Gelassenheit und Gewissheit finden auch in unserer Sorge um diese Erde und um die Menschen auf ihr.

Da bleibt nur die Anbetung, das Sein in Gott. Da lassen wir, was unsere Gedanken bewegt, in Gott ruhen. Da lassen wir alle Bilder, die uns vor Augen stehen, einsinken in Gott. Da geben wir, was wir über das Gottesreich gedacht haben, Gott zurück, wie Christus am Ende das Reich ihm zurückgeben wird (1. Korinther 15,27–28). Da legen wir unsere Fragen und Sorgen Gott in die Hände und nehmen aus seinen Händen wieder, was er uns als seine Antwort zugedacht hat. Paulus sagt einmal: »Was aber kein Auge gesehen und kein Ohr gehört hat und in keines Menschen Herz gekommen ist, das hat Gott denen bereitet, die ihn lieben.« (1. Korinther 2,9)

Was kein Auge sieht und kein Ohr vernimmt, was kein Herz sich erdenkt, das macht Gott aus denen, die sich seiner Liebe anvertrauen. Sie tun dies und versuchen jenes und wissen, dass das Geringe, da und dort in aller Einfachheit getan, die Welt vom Tode zum Leben bringt. (...)

Horchen

Was du rein hören willst, das wirst du auswählend heraushorchen müssen aus dem Vielerlei dessen, was tönt, was lärmt, was redet. Und oft ist es das besonders Leise, das du aus dem laut Ertönenden heraushören musst, weil es dich angeht.

Halten wir also auch das Gefackel und Geflacker in unserem eigenen Kopf geduldig aus, die Gedankenlosigkeit in den vielen Gedanken, das Geflacker der Bilder auch, die durch unsere Seele hetzen wie ein hastig geschnittener Film. Und legen wir eines nach dem anderen davon beiseite, bis es allmählich nachlässt und wir frei werden für ein Wort, das anderswo herkommt als aus uns selbst. Nehmen wir also das fremde und leise Wort auf, hören wir uns in es ein, bis es stärker wird als das leiser werdende Vielerlei unserer eigenen Gedanken, sodass wir am Ende nicht leer sind, sondern das fremde Wort uns ganz ausfüllt.

Wenn du verstehen willst, was im Schweigen zu gewinnen ist, dann bemühe dich zu empfinden, was ein »Übergang« ist vom Klang zur Stille.

Schau dir einen Spinnwebfaden an, der im Licht vibriert. Was da schwingt, ist ein Ton, ist Musik. Dein Ohr ist nicht fein genug, sie zu hören, aber Musik ist es allemal. Vielleicht wird dich dabei das erfüllen, was wir »Stille« nennen. Denn alles ist Klang. Alles schwingt. Nur die Tonhöhe, die Frequenz ist verschieden. Die ganze Welt besteht aus Schwingungen. Das bedeutet, dass sie ein riesiger Klangkörper ist und dass du selbst mitschwingst. Und dass du selbst eine Fülle von Schwingungen aussendest in alles hinein, das um dich her ist.

Wenn du der Klangschale nachhorchst, findet in dir etwas wie Stille Raum. Stille für den Wohlklang, der sonst so leicht verloren geht.

Dionysius Areopagita, der große Seher des 6. Jahrhunderts, fragt, wie man den Weg zu Gott finde: »Entfernen wir alles Laute, Grelle, Unreine, was nur ›Welt‹ ist. So gehen wir zu Gott. Wenn wir aber dies alles aus unserer Seele entfernt haben, was bleibt uns dann, die wir doch ganz aus ›Welt‹ bestehen? Schweigen. Dunkel. Und im Dunkel: Gott.«

So stehst du dann an jenem Ufer, an dem die Dinge, die
Probleme, die Affären dieser Welt enden, und hörst. Du
atmest das Wesen der Unendlichkeit ein und weißt: Es ist
Gott, den ich einatme.

SCHWEIGEN MÖCHTE ICH, GOTT,
und auf dich warten.

Schweigen möchte ich, damit ich verstehe,
was in deiner Welt geschieht.

Schweigen möchte ich,
damit ich den Dingen nahe bin,
allen deinen Geschöpfen, und ihre Stimmen höre.

Ich möchte schweigen,
damit ich unter den vielen Stimmen
die deine erkenne.

Ich möchte schweigen und darüber staunen,
dass du für mich ein Wort hast.

Ich bin nicht wert, dass du zu mir kommst,
aber sprich nur ein Wort,
so wird meine Seele gesund.

Hören

Es wird fast ohne Unterbrechung geredet. Man mag es unzeitgemäß finden, dass einer versucht, einen Tag lang oder zu bestimmten Stunden nicht zu sprechen. Wer aber Wert darauf legt, dass sein Wort Sinn hat, wird versuchen, Zeiten des Schweigens einzuhalten. Schweigen wird, wer erreichen will, dass sein Wort trifft, dass es wirkt, dass es klärt. Schweigen heißt nicht notwendig stumm sein, aber es heißt, auf das Gerede verzichten und nur das aussprechen, was man zuvor deutlich »gehört« hat.

Wer sich in die Einsamkeit begibt, trifft dort zunächst nicht Stille, sondern Lärm an: den Lärm, der in ihm selbst ist. Wenn er nun versucht, die vielen Stimmen der Erinnerung, der Angst oder der Abwehr zur Ruhe zu bringen, kann es ihm zustoßen, dass in seinen Gedanken ein Aufruhr losbricht, dessen er nicht mehr Herr wird. Das alte China hatte ein gutes Bild dafür: Die Gedanken sind Affen, die im Baum des Gehirns hin und her springen. Man fasse einen nach dem anderen und setze ihn auf die Erde, bis der Baum frei ist. Aber mir scheint eben fraglich, ob das gelingen kann, ob nicht die Affen den Baum alsbald von der anderen Seite her wieder besteigen und der Aufruhr größer ist als am Anfang. Wahrscheinlich können wir, was die abendländischen Meister der Meditation das »Leerwerden« nennen, so nicht mehr nachvollziehen. Für uns fängt das Weglegen der Gedanken damit an, dass wir das Gefackel und Geflacker geduldig aushalten, die Gedankenlosigkeit in den vielen Gedanken, die Einfallslosigkeit in den vielen Einfallen, den Lärm der Hölle im Lärm der Gedanken, und dass wir danach versuchen, ein Wort zu hören, das anderswo herkommt. Wir werden das fremde Wort aufnehmen, bis es über das Vielerlei der Gedanken Herr ist, so dass wir am Ende nicht »leer« sind, sondern erfüllt mit dem neuen, fremden Wort.

Sich sammeln

Wer in einer Herberge irgendeiner Art übernachtet hat und am Morgen seine Wanderung fortsetzen will, sieht sich in dem Raum, in dem er übernachtet hat, um, sammelt ein, was ihm gehört, und sieht zu, dass er nichts liegen lässt. Jacke und Mütze sind da, das Regenzeug ist greifbar, der Rucksack gepackt, die Brieftasche ist fühlbar, die Wanderkarte steckt in der Außentasche. Und so, wenn alles klar ist, alles bereit und der aufbrechende Mensch vollständig, beginnt der Weg durch den Tag.

So beginnen die meisten spirituellen Anweisungen, ob christlich oder nicht, damit, dass sie Übungen vorschlagen, die dir helfen, dich einzusammeln, dich zu konzentrieren, auf einen Punkt zu kommen und von dort auszugehen. Es beginnt alles sehr einfach, und du kannst gerne feststellen, dass es dabei zunächst nicht sehr interessant zugeht. Wer aber, das sagen die Meister aller geistigen Wege, nicht fähig ist, bei sich selbst zu sein, oder nicht fähig, sich ungeteilt einem einfachen Ding oder einem einfachen Wort zuzuwenden, wird kaum vorwärtskommen mit sich selbst und wird kaum zu lohnenden Erfahrungen gelangen.

Ein erster Versuch: Nimm einen einfachen Gegenstand in die Hand, eine Walnuss, eine Zange oder ein Holzscheit, und versuche, zunächst eine Minute, dann länger und länger bei ihm zu verweilen, ihn kennenzulernen, ihn zu betrachten und deine Gedanken ungeteilt bei ihm festzuhalten. Wenn du das zum ersten Mal versuchst, wirst du schnell merken, dass du es nicht kannst. Nach zwanzig Sekunden spätestens sind die Gedanken anderswo. Sehen wir einen Film, so werden wir ihn langweilig finden, wenn nicht spätestens alle zehn Sekunden ein Schnitt erfolgt und unsere Aufmerksamkeit von etwas Neuem aufgescheucht wird. Wie willst du aber einen wichtigen Gedanken fassen, bedenken und festhalten, solange in dir selbst alles wirbelt oder flattert? Und wie willst du eine große Erfahrung machen, solange du von Augenblick zu Augenblick von etwas Unwichtigem hin und her getrieben wirst?

Im Grunde kommt es darauf an, dass du dich einziehst auf einen kleinen Punkt, den kleinen Punkt, der du bist, oder den kleinen Punkt, der in dir ist, und dich von dort aus mit den nahen Dingen beschäftigst und nichts suchst als die kleinen Dinge. Dass du aber danach die Erde suchst, auf der du stehst, und den Himmel, der über dir ist. Dass du dann einbeziehst, was du nicht wahrnimmst im Kleinen und im Großen und dich liebevoll und sorgfältig ihm zuwendest, lange, ehe irgendein Interesse dich leiten will. Du wirst in dir selbst das Universum entdecken und im Universum dich selbst. Du wirst nichts tun und nichts wollen als nur dies: da zu sein. Und da zu sein mit allem, was ist. In allem. Und für alles.

Das hat mit dem christlichen Glauben noch nicht viel zu tun. Es ist im Grunde einfach: Wer ein Bild malen will oder ein Gedicht schreiben, eine Rosenhecke schneiden oder am Herd stehen, muss bei der Sache sein, die er tut. »Adesse«, sagen die Meister, ist nötig. Anwesend sein. Nicht zerstreut, nicht mit den Gedanken irgendwo anders. Ganz dem zugewandt, was getan werden muss. Und vielleicht verstehst du dann auch, was wir meinen, wenn wir von »glauben« sprechen. Wir meinen nicht, du sollst etwas Merkwürdiges für wahr halten. Sondern: Du sollst in dir selbst ruhen und dabei ausgreifen nach einer Wirklichkeit, die nicht sichtbar ist, wohl aber so wirklich wie du selbst. Du könntest, meinen wir, in diesem Ruhen dein Vertrauen einbringen in das, was dir begegnen will. Wenn du glaubst, bist du deiner Sache gewiss. Du stehst und kannst nicht umgeworfen werden. Du gehst, aber nicht ins Ungefähre, sondern deinen eigenen, dir vorgezeichneten Weg.

Unser Fehler, gerade unter Christen, ist immer wieder, dass wir uns einer Lehre, einem Dogma zuwenden und meinen, wenn wir nur einen Punkt nach dem anderen bejahen könnten, sei alles in Ordnung. Oder wir vertrauen dem Streitgespräch. Wir diskutieren, um zu klären, was zu glauben sei, und alles findet im Kopf statt. Am Ende wundern wir uns darüber, dass unser Glaube so labil bleibt, so ständig der Bestätigung und der Argumente bedürftig. Wir wundern uns, dass er aus der Zone des Zweifels und der immer neuen Versuche und Entwürfe nicht herauskommt.

Viele, auch unter Christen, gehen heute die Wege des Zen. Sie sitzen und meditieren stundenlang, einfach, um sich ganz loszulassen. Sie füllen damit die breite Lücke aus, die in unserem heutigen Christentum notorisch leer bleibt: die der Einübungen. Wir lernen in dieser Sache nichts, und wir wissen meist nicht einmal, was uns fehlt. Wir kennen kaum Zeiten, die wir von Arbeit oder Unterhaltung freihalten. Und wir laufen dabei Gefahr, dass wir unsere Gestalt nicht finden, unser Wesen nicht klären, unsere Aufgaben nur mühsam erfüllen, von Klarheit in den Gedanken oder Kraft der Empfindungen nicht zu reden. Nein, was uns fehlt, ist die, zugegeben, zunächst mühsame Arbeit an unserem eigenen Zustand. Er reicht von der Ungenauigkeit unserer Überzeugungen und einer gewissen Atemlosigkeit bis zu einer oft erschreckenden geistigen Verwahrlosung.

Manchmal, wenn ich von Stunden, von Terminen, von Menschen, von Briefen und Telefonaten gejagt bin, trete ich ans Fenster, atme durch, führe die Hände so zusammen, dass die Fingerspitzen der einen Hand die Fingerspitzen der anderen Hand berühren, und stehe so, eine Minute oder zwei. Und gehe wieder an meine Arbeit. Ich merke es an meinem Zustand, wenn ich die Gelegenheit, so zu tun, über einige Stunden außer Acht gelassen habe.

Dabei muss uns deutlich sein, dass solche Sammlung nicht das Ergebnis einer Willensanstrengung ist, sondern die Frucht eines Lassens. Ich lasse los, was mich festhält. Ich lasse, was ich als Nächstes tun sollte. Ich lasse, was mich nach allen Seiten hin interessiert. Ich lasse, was in mir im Kreis jagt oder nach allen Richtungen läuft, und bleibe sozusagen allein übrig. Ruhig. Stehend. Gesammelt.

Ich will hier nicht von Selbsterfahrung sprechen. Darüber reden heute viele und viele auch sehr kundig. Aber das musst du wissen. Jede wirklich gesammelte Begegnung mit einem beliebigen Ding ist auch eine Begegnung mit dir selbst, und eine der schönen Erfahrungen, die sich dir dabei eröffnen, kann die sein, dass du die Welt entdeckst, die in dir ist, die nur dir zugehört und keinen anderen angeht. Dass deine Seele eine Landschaft ist von einer unerhörten Vielfalt und Weite, im Grunde ein Universum. Ich selbst habe bei solchen Versuchen als junger Soldat mit achtzehn und mit zwanzig Jahren meine ersten Erfahrungen gemacht. Ich war, was man »außengeleitet« nennt. Ich hatte Befehlen zu gehorchen. Ich hatte Tag und Nacht bereit zu sein. Ich durfte kaum eigene Gedanken denken. Ich war einer Ideologie und einem Staat verpflichtet bis hin zu der Bereitschaft, für ihn zu sterben. Wenn meine Gedanken eigene Wege gingen, war ich sofort in Gefahr. Was ich in solchen Versuchen der Sammlung entdeckte, war die innere Welt in mir, in der etwas wie Freiheit, Selbstbestimmung, Unabhängigkeit bewahrt war. Ich entdeckte, dass ich niemandem gegenüber die Pflicht hatte, davon zu reden. Dass ich es nicht in Sprache fassen musste. Dass es meine eigenste Freiheit war, wenn ich einem anderen gegenüber davon reden wollte. Ich bewohnte eine innere Welt und konnte dort meine Seele vor dem Zugriff äußerer Mächte retten. Und niemand sage, dies sei heute unnötig geworden.

Den Rhythmus entdecken

Alles geistige Leben – und erst recht alles geistliche – hat mit dem Körper zu tun, ist auf ihn angewiesen. Der Körper aber lebt in einem bestimmten Rhythmus von Wachen und Schlafen, Morgen und Abend, Tag und Nacht, Frühjahr und Herbst, und wer ein brauchbares Instrument an ihm besitzen will, muss diese Grundbedingung seines Lebens achten.

Er wird merken, dass auch der Geist leichter gehorcht, wenn man ihm erlaubt, seinen eigenen Rhythmus einzuhalten. Wenn ich mich darin üben will, morgens ein paar Minuten lang über ein Wort oder einen Liedvers nachzudenken, wird es mir besser gelingen, wenn es regelmäßig geschieht. Der Geist funktioniert nur mit dem Körper zusammen und bedarf wie dieser eines lebendigen Rhythmus.

Der Körper lebt im Februar anders als im Juni. Er lebt morgens um vier Uhr anders als nachmittags um fünf oder abends um zehn. Das bedeutet etwas auch für Geist und Seele. Morgen- und Abendstunden sind – geistig gesehen – keineswegs gleichwertig, wie es nicht gleichgültig ist, ob jemand mit leerem oder vollem Magen nachdenkt, ob er ausgeschlafen oder abgehetzt zu den Menschen kommt. Beruhigungs- und Anregungsmittel helfen gar nichts, wenn sie nicht das Ab und Auf unterstützen, das im Körper ohnehin geschieht.

Es ist wichtig, dass, wer beten lernen will, bei sich selbst die Bedingungen entdeckt, unter denen Leib und Geist dies am willigsten tun. Sie sind nicht bei allen Menschen dieselben, auch wenn man sagen darf, dass aufs Ganze gesehen der späte Abend bei uns heutigen Menschen eine zu gewichtige Rolle spielt und der Morgen zu unfruchtbar ist. Die Zeit ist kein Kalender, sondern ein Fluss, eine ständige, sehr gleichmäßige Wellenbewegung, in der zu leben leicht oder schwer sein kann. Wer im Meer schwimmt, merkt, dass er sich eine Stunde lang mühelos hält, wenn es ihm gelingt, sich dem Rhythmus der Wellen einzufügen, und dass er nach einer halben Stunde am Ende seiner Kraft sein kann, wenn ihm dies nicht gelingt. Wer den Schritt seines Pferdes nicht aufnimmt, wird nie ein Reiter.

ICH BITTE DICH, DASS EIN WENIG MEINER ZEIT
frei ist von Befehl und Pflicht.
Ein wenig für Stille.
Ein wenig für das sorglose Spiel,
und viel für die Menschen,
die einen Tröster brauchen.

Meine Zeit ist geschenkte Zeit.
Die Tage, die Wochen, die Jahreszeiten, die Jahre.
Sie haben ihren genauen Rhythmus.
Ich suche den Einklang mit dem Ablauf
meiner Tage und meiner Jahre.

Die Zeit und ihr Verrinnen
müssen mich nicht bedrohen,
so, als verbrauchten sie mich.
Sie wollen mich vollenden.

Uns will heute scheinen,
die Zeit sei schneller geworden.
Aber wir laufen wohl nur selbst
schneller an ihr vorbei.

Geh du, Gott, deinen langsamen Schritt
durch unsere Tage mit uns.

Mit allen Sinnen wahrnehmen

Nicht nur Sehen und Hören bedürfen bei uns Abendländern einer neuen Kultur, auch die Sinne des Schmeckens, des Riechens und des Tastens sollten in ihrer sensiblen Differenziertheit in unseren Übungen eine neue Rolle spielen. Aber es ist kennzeichnend für die Vernachlässigung der Sinnlichkeit in unserer heutigen Zivilisation, dass wir immer noch, als wäre das selbstverständlich, von den »fünf Sinnen« sprechen, als hätten wir nicht mindestens ein Dutzend.

Ich jedenfalls empfinde Schmerz, wenn ich mich verletze. Ist Schmerzempfindung keine sinnliche Wahrnehmung? Ich fühle, wenn es Zeit ist zu schlafen, und empfinde Müdigkeit. Mein Magen fühlt seine Leere und meldet mir Hunger. Ich stehe in der Sonne und meine Haut meldet mir ihre Wärme. Ich habe einen besonderen Sinn für die Schwerkraft, die mir mein ganzer Körper, belastet oder nicht, mitteilt. Ich habe einen besonderen Sinn für das Gleichgewicht, das mein Körper sucht im Vergleich zu den Kräften der Erde, und einen Sinn für oben und unten. Ich lebe in der Zeit und bemerke, dass manches rasch vorbeigeht und anderes sich langsam entwickelt. Ich messe Stunden und Augenblicke, Tage und Nächte und weiß ungefähr, wie lange ein Tag sein wird. Aber diese Sinne weisen auch über sich hinaus und wecken Wahrnehmungen, die sich zwischen den Sinnen und der Seele, in irgendeinem Zwischenbereich, abspielen. Ich sehe etwas, das auf mich zukommt, und empfinde Angst. Ich begegne dem guten Gesicht eines Menschen und finde Vertrauen. Ich liebe eine Frau und alle meine Sinne werden wach, wenn ich ihre Hand berühre, ihre Lippen küsse oder mich dem Rausch und der Gewalt des Einswerdens hingebe. Hat die Liebe nicht ihre eigene Sinnlichkeit?

Ich will es hier nur andeuten: Mit jedem dieser Sinne kannst du so umgehen, dass er wacher wird, aufmerksamer, sensibler. Unsere Sinne sind ein unendlich feines Netzwerk von Fühlen und Empfinden, von Aufnehmen und Antworten, von Erinnern und Lernen und Wissen, von Denken und Urteilen, von Freude und Weinen, von Liebe und Neugier, von Spiel und Kampf, von Störung und Heilung, und es hat etwas Beklagenswertes, wie wenig wir mit ihnen anfangen können, wie wenig Aufmerksamkeit wir ihnen schenken.

Es geht ja, wenn wir unseren spirituellen Weg suchen, nicht um einen Abschied von unserem Körper, sondern darum, dass wir mit ihm leben. Es geht darum, dass wir das Geistige den Sinnen zugänglich machen und das Sinnliche in den Geist aufnehmen. Es gibt heute viele gute Möglichkeiten, dies zu versuchen. Etwa den meditativen Tanz oder das Üben eines Handwerks, das nicht dein Beruf ist. Es gibt etwa die Übung, dass du mit deiner Aufmerksamkeit deinen ganzen Körper durchwanderst. Oder die, einen Stein aufzunehmen und genau zu fühlen, was die einzelnen Finger und was die Hand dabei tun. Oder die, zu beobachten, was mit der Muskulatur deines Gesichts geschieht, wenn du lächelst oder lachst. Fühle dabei den feinsten Nuancen nach. Du wirst bemerken, dass die Erfahrung deiner Haut und die Erfahrung deines Verhaltens, deines seelischen Zustandes oder deines Geistes ineinander übergehen. Du wirst bei alldem bemerken, dass deine Welt mehr Farben gewinnt, mehr Töne, mehr Details und mehr Lebendigkeit.

Ein Wort nachsprechen

Was uns das Beten immer wieder schwer macht, das ist, dass wir auf unsere eigenen Gedanken und unsere eigene Redekunst angewiesen sind, dass uns etwas Eigenes einfallen muss und wir zu müde oder zu langsam sind, um unsere Sätze in der gebotenen Schnelligkeit zu formulieren. Das Gebet der Christen beginnt aber nicht mit dem Reden, sondern mit dem Hören. Beten kann einer in dem Maß, in dem er fähig ist, ein Wort zu hören, zu bewahren, in sich zu bewegen und wieder nachzusprechen. Beten ist nichts für Redegewandte, sondern für Hörfähige.

Man nehme sich ein Wort aus den Reden Jesu oder aus den Psalmen vor und versuche es zu verstehen. Nicht so, dass man daran »herumdenkt«, nicht so, dass man dabei in Gefühle versinkt, nicht so, dass man dumpf in sich hineinbrütet. Sondern so, dass man klar und locker die Gedanken aneinanderreiht, das Wort umkreist, an ihm vorübergeht, es in die Hand nimmt und nach allen Seiten wendet. Man merkt dabei zunächst und vor allem, wie unfähig man ist, ein Wort aufzufassen und umzusetzen.

Man erkennt unter anderem auch sich selbst auf diesem Weg: Man hört ein Wort, das Jesus gesagt hat, und man bemerkt den ungeheuren Abstand, in dem man davon lebt, man merkt die Unordnung in den eigenen Gedanken, die Stumpfheit und Taubheit, die Blindheit, die Beschränktheit, die Unfähigkeit, aufzunehmen und sich hinzugeben.

Es ist wichtig, dass man das einmal am Tag tut: irgendein Wort zu sich hernehmen und sich gleichsam in ihm aufhalten. Jesus sagt: Wenn ihr in meiner Rede wohnt, seid ihr in Wahrheit meine Jünger. Und darum beten wir zunächst nicht mit Worten, die uns selbst einfallen, sondern mit Worten, die Jesus gesprochen hat, und zwar so lange, bis unsere eigenen Gedanken uns gehorchen.

Im Alten Testament wird unterschieden zwischen reinen und unreinen Tieren. Rein sind Tiere, die zum Opfer und zum gottesdienstlichen Essen geeignet sind. Sie unterscheiden sich von den ungeeigneten dadurch, dass sie wiederkäuen. Diesen Gedanken nimmt Luther in seiner Schrift über die Lebensordnung der Geistlichen auf: »Am Abend musst du ein Wort aus der Heiligen Schrift im Gedächtnis mit dir zu Bette nehmen, und wiederkäuend wie ein reines Tier magst du sanft einschlafen. Es soll aber nicht viel sein, eher ganz wenig, aber gut durchdacht und verstanden. Und wenn du am Morgen aufstehst, sollst du es als den Ertrag des gestrigen Tages vorfinden.«

Was sich eignet:
- Ich bin das Brot des Lebens. Wer von diesem Brot essen wird, der wird leben in Ewigkeit.
- Ich bin das Licht der Welt. Wer mir nachfolgt, wird nicht in der Finsternis sein, sondern das Licht des Lebens haben.
- Selig sind, die reinen Herzens sind, denn sie werden Gott schauen.
- Selig sind die Barmherzigen, denn sie werden Barmherzigkeit erlangen.
- Er hat unsere Schwachheit auf sich genommen und unser Leiden getragen.
- Dein ist das Reich und die Kraft und die Herrlichkeit in Ewigkeit.

- Bittet, so wird euch gegeben. Sucht, so werdet ihr finden. Klopft an, so wird euch aufgetan.
- Das Himmelreich gewinnt, wer handelt wie ein Kaufmann, der gute Perlen suchte. Als er eine kostbare Perle fand, ging er hin, verkaufte alles, was er hatte, und kaufte die Perle.
- In deine Hände befehle ich meinen Geist.

Morgen und Abend

Die großen Lehrer der Meditation und des geistlichen Lebens weisen uns immer wieder auf die erste Morgenstunde hin und sagen: Nimm den Anfang des Tages wahr, er ist die Stelle, an der du die Ewigkeit berührst.

In der Tat wäre uns in vielen Nöten und Krankheiten des Leibes und der Seele geholfen, wenn es uns gelänge, die erste Morgenfrühe von Eile, von Lärm und Ärger freizuhalten. Der Lauf des Tages hängt im Allgemeinen nicht von unseren persönlichen Vorstellungen ab. Er wird uns aufgezwungen. Aber der Anfang sollte uns gehören. Der Morgen ist mehr die Stunde der seelischen Aktivität, der Phantasie, der originalen Gedanken und Einfälle. Der Abend ist mehr die Zeit des Aufnehmens, der Gefühle und Stimmungen. Wie viel Eigenes wir dem Zwang und der Überfremdung des Tages entgegenzubringen haben, entscheidet sich in seiner Frühe.

Zwei Gedanken rahmen den Tag: Am Morgen denken wir dem Wort »Liebe« nach, das den Willen ordnet, die Phantasie beflügelt und die Tat vorbereitet. Am Abend erwartet uns das Wort »Friede«, das Missmut und Enttäuschung, Müdigkeit und Überreiztheit auffängt.

Morgens könnten wir dem Wort Jesu nachgehen: »Ich komme vom Vater«, abends sein Wort aufnehmen: »Ich gehe zum Vater.« Dazwischen liegt ein Tag, an dem er uns auf dieser Erde begleitet. Am Ende folgt eine Nacht, in der wir mit ihm heimkehren in das »Haus des Vaters«. Dann mag der Tag wichtig sein oder unwichtig, schön oder voller Last, wir fassen ihn in die Liebe und den Frieden Christi ein und legen am Ende alles, was gewesen ist, in seine Hand.

EIN TAG ÖFFNET SICH VOR MIR.
Ein neuer Tag.

In seiner Frühe suche ich dich,
wunderbarer und heiliger Gott.
Licht du! Ewiger Glanz! Schaffende Kraft!
Ich danke dir für deinen Tag.

Du schaffst Licht in der Finsternis,
Friede in den Traurigen,
Trost in den Schwermütigen,
Klarheit in den Verwirrten,
Leben in den Schwachen.
Schaffe Licht auch in mir
in der Frühe des Tages.

Vor mir liegt ein Tag.
Ich weiß nicht, ob ich erfüllen kann,
was er von mir fordert.
Aber gib du mir den Mut und den Willen,
ihn zu bestehen.

Geleite uns, segne uns.
Ich danke dir für deinen Tag.

EIN TAG SCHLIESST SICH.
Mein Weg geht zu Ende.
Es ist Abend geworden.
Ich will stillhalten,
denn du bist nahe.

Auf dem letzten Weg dieses Tages, Gott,
suche ich deinen Frieden.
Nimm von mir alle Hast,
die Unrast meiner Gedanken,
die Sorgen meines Herzens,
denn ich will frei sein für deine Liebe,
offen für dein Licht,
bereit für deine Nähe.
Heiliger Gott,
gib uns nun den Frieden der Ewigkeit,
den Morgen ohne Abend,
das Licht ohne Nacht.

Die Zeit berührt dich nicht,
aber du gibst die Zeit.
Gib uns Frieden
im Kreisen der Jahre und Tage
und den Frieden am Ende der Zeit.

Um etwas bitten

Das Bittgebet hat Sinn, wenn da ein Ohr ist, das hört, ein Gegenüber, das den Bittenden wahrnimmt, eine Liebe, die antwortet. Ein Kind verirrt sich im Wald und beginnt in seiner Angst vor sich hin zu singen. Es wird ruhiger dabei. Aber geholfen ist ihm erst, wenn ihm der Waldhüter begegnet, es an der Hand nimmt und auf seinen Weg oder nach Hause bringt.

Niemand wird Jesus verstehen, wenn er das Gebet für ein Selbstgespräch hält, denn niemand hat je so unmittelbar zu Gott hin gelebt wie er, so mit ihm geredet und so auf ihn geachtet. Und er hat seine Freunde aufgefordert, zu tun wie er.

Wem das Bitten schwerfällt, weil er meint, es sei unmöglich, dass Gott allen Menschen zuhöre, der überprüfe das Bild, das er von Gott hat: ob es nicht das Bild eines überforderten Schalterbeamten ist anstelle des Bildes Gottes.

Wem das Bitten schwerfällt, weil er zu stolz ist, sich zu beugen, der muss verstehen, dass niemand, auch der Stolze nicht, aus eigener Kraft lebt. Auch er wird an den entscheidenden Punkten seines Lebens ein Bittender sein. Und er darf wissen, dass der Gott, vor dem er sich beugt, seine Würde nicht gefährdet, sondern sie ihm, indem er ihm zuhört, ja eben verleiht.

Wem das Bitten schwerfällt, weil er die Enttäuschung nicht erträgt, dass er nicht erhört und sein Wille nicht erfüllt wird, der muss lernen, seinen Willen zu äußern und zugleich um die Erfüllung des Willens Gottes zu bitten. Nicht, weil der Wille Gottes ohnehin geschieht, sondern weil er der bessere, der wissendere Wille ist.

Und die Erhörung des Gebets? Niemand, der mit dem Gebet Erfahrung hat, wird an Gebetserhörungen zweifeln. Freilich werden sie nicht immer darin bestehen, dass unsere Wünsche erfüllt werden, sondern darin, dass wir ein Gespür bekommen für Gottes Wesen und Willen, sodass wir ihm näher sind als zuvor. Immer wieder allerdings merken wir erschrocken, dass er selbst eingegriffen hat, dass die Bitte erfüllt ist.

Wer bittet, wird seine Wünsche zunächst sozusagen unter Gottes Augen prüfen. Zu fragen: Was ist nun eigentlich dein Wille?, ist eine würdigere Art, mit Gott zu reden, als das ungeschickte: Ich will! Ich möchte! Ich brauche! Das musst du tun! Das Bittgebet hat seinen Sinn innerhalb des großen und lebenslangen Versuchs, in unablässiger Selbstkontrolle in die Gegenwart Gottes hineinzuwachsen und seinen eigenen Willen mit dem Willen Gottes zusammenzuführen. So sagt Jesus in den Abschiedsreden: »Bisher habt ihr nichts in meinem Namen gebetet. Bittet, so werdet ihr nehmen, dass eure Freude vollkommen sei.« (Johannes 16,24)

»Im Namen Jesu« bitten heißt, sich auf ihn berufen, im Einklang mit seinem Willen stehen, mit seinem Werk eins sein, seine Stelle einnehmen, sodass an unserer Stelle er selbst dieselbe Bitte hätte aussprechen können. Im Namen Jesu bitten heißt, an der offenen Stelle zu Gott hin stehen, an der wir den Geist empfangen, den Jesus uns zugesagt hat. Der Geist aber läutert unser Gebet in uns, fasst es in Worte und gibt uns die Zuversicht, dass Gott uns hört.

Dieses Gebet führt notwendig immer tiefer in das Bitten hinein. Nicht in die Wunschlosigkeit, sondern in die immer größere Offenheit, das immer größere Vertrauen zu dem zuhörenden Gott, zu seiner Kraft und seinem Geist, und in das immer selbstverständlichere Empfangen dessen, was er geben will.

Ich lasse mich dir, heiliger Gott, und bitte dich:
Mach ein Ende aller Unrast.

Meinen Willen lasse ich dir.
Ich glaube nicht mehr, dass ich selbst
verantworten kann,
was ich tue und was durch mich geschieht.
Führe du mich und zeige mir deinen Willen.

Meine Gedanken lasse ich dir.
Ich glaube nicht mehr, dass ich so klug bin,
mich selbst zu verstehen,
dieses ganze Leben oder die Menschen.
Lehre mich deine Gedanken denken.

Meine Pläne lasse ich dir.
Ich glaube nicht mehr, dass mein Leben
seinen Sinn findet
in dem, was ich erreiche von meinen Plänen.
Ich vertraue mich deinem Plan an,
denn du kennst mich.

Meine Sorgen um andere Menschen lasse ich dir.
Ich glaube nicht mehr,
dass ich mit meinen Sorgen irgendetwas bessere.
Das liegt allein bei dir. Wozu soll ich mich sorgen?

Die Angst vor der Übermacht der anderen lasse ich dir.
Du warst wehrlos zwischen den Mächtigen.
Die Mächtigen sind untergegangen. Du lebst.

Meine Furcht vor meinem eigenen Versagen
lasse ich dir.
Ich brauche kein erfolgreicher Mensch zu sein,
wenn ich ein gesegneter Mensch sein soll
nach deinem Willen.

Alle ungelösten Fragen, alle Mühe mit mir selbst,
alle verkrampften Hoffnungen lasse ich dir.
Ich gebe es auf, gegen verschlossene Türen zu rennen,
und warte auf dich. Du wirst sie öffnen.

Ich lasse mich dir. Ich gehöre dir, Gott.
Du hast mich in deiner guten Hand. Ich danke dir.

Fürbitte – bitten für andere

Wer betet, empfindet unmissverständlich, dass er mit
Gott eins ist in dem Maß, in dem andere Menschen ihm
am Herzen liegen. Er sagt: »Unser Vater im Himmel«, und
nicht: »Mein Vater.«

Fürbitten heißt alle zu Gott mitnehmen, die uns am
Herzen liegen, alle, die wir kennen, oder alle, von denen
wir wissen, dass sie eines Menschen bedürfen, der sie
vor Gott hin mitnimmt. Es heißt aber auch: diesen Menschen selbst näherkommen. Es gibt nicht nur ein Kennen von Mensch zu Mensch, sondern auch ein Kennen

auf dem Umweg über die Augen Gottes. Das Licht Gottes fällt gleichsam auf das Gesicht des Menschen neben mir und macht es klarer, deutlicher, verständlicher. Fürbitten heißt auch: die Gnade empfangen, lieben zu können. Indem ich mit einem anderen Menschen zusammen vor Gott stehe und er mir verständlicher wird, entsteht Liebe zu ihm. Ich beginne, mit ihm zu leben, mich mit ihm zu ängstigen, mit ihm zu trauern, mich mit ihm zu freuen, mit ihm zu hoffen.

Fürbitten heißt nicht immer, für einander bestimmte Bitten auszusprechen. Paulus sagt manchmal statt fürbitten auch: »Ich gedenke euer in meinem Gebet.« (Philipper 1) Man wird, statt für Menschen zu bitten, manchmal einfach bei ihnen verweilen, an sie denken und sie so ins Gebet mitnehmen. Man wird einen weiten Bogen ziehen um alle, die unseres Gedenkens bedürfen, und sie vor Gott nennen.

Fürbitten heißt aber auch: sich bereit machen zu einem bestimmten Tun. Man gedenkt eines Menschen und seiner Not und sucht vor Gott nach Klarheit über die Hilfe, die hier nötig ist. Man bereitet sich auf die Tat vor. Hier ist allerdings wesentlich, dass unsere Wörter deutlich bleiben. Solange wir von »Gebet« sprechen, meinen wir nicht Diskussion, nicht Planung, nicht Aktion. Wir meinen Gebet. Und beten ist etwas anderes als nachdenken, arbeiten oder protestieren, auch wenn wir im Gebet für andere beten oder Klarheit suchen über das praktische Handeln, Klarheit für das Gewissen und unsere Entschlüsse.

ICH BIN REICH AN ALLEM,
was ich zum Leben brauche.
Ich gedenke aller, die im Elend leben.

Ich habe keinen Mangel an Kleidern.
Ich gedenke aller Frierenden
und aller Ungeschützten.

Ich habe Schuhe an meinen Füßen
und gedenke aller nackten Füße
auf den Straßen und im Staub dieser Welt.

Ich bin gesund und habe einen Arzt.
Ich gedenke der Kranken
und aller, die sterben, weil niemand ihnen hilft.

Ich lebe im Frieden
und gedenke aller, die zertreten und zerrissen werden
durch die Maschine des Krieges.

Ich stehe vor dir, Gott, als dein Kind.
Aller derer gedenke ich, die verzweifeln,
weil sie dich nicht kennen,
dich, den Liebhaber aller Menschen.

Vaterunser

Was geschieht denn mit mir, wenn ich bete? Ich breite die Arme aus und mache mich weit. Ich trete aus mir heraus, nehme die Schicksale, die Mühen und die Leiden auf, die um mich her getragen und erlitten werden, und bringe sie vor Gott. Und ich mache mich zu einer anderen Stunde so klein an Raum, wie ich wirklich bin, und lasse alles los, was außen geschieht. Ich halte Gott mein Leben hin mit der Bitte, er möge mir beistehen. Ich halte ihm mein krankes Ich hin und erbitte mir, er möge es berühren. Ich halte ihm alle meine Erfahrungen hin und bitte ihn um Kraft. Ich halte ihm meine unruhigen, flackernden Gedanken hin und bitte ihn, er möge sie ordnen. Ich ruhe in der Wahrheit, die Gott ist. Ich denke nicht über mich selbst nach, sondern über den nahen und heiligen Gott. Ich senke meine Wurzeln in den festen Grund, der er ist. Ich vertraue darauf, dass etwas in mir wächst, dass Wahrheit in mich einkehrt, dass neue Anfänge gelingen. Dass ein Ziel sichtbar wird. Dann trete ich wieder aus mir heraus und spreche für die Menschen und ihre Nöte auf der ganzen, weiten Erde. Ich blicke hinaus über meine, unsere gegenwärtigen Wirrnisse in unsere gemeinsame Zukunft. Die Zukunft des Menschendaseins, die ja weit hinausreicht über die Zeit, in der ich hier lebe. Und ich tue das in dem Vertrauen, dass Gott, der mir meinen Platz gab und mein Leben, mein ganzes Vertrauen wert ist, und dass, was er mir gibt, so ist, dass ich es dankbaren Herzens annehmen kann.

Es ist ja eine eigene Sache mit Worten wie dem Vaterunser, die die Menschheit durch Jahrtausende hin auf ihrem Weg begleiten. Einer sprach sie aus, andere hörten sie, nahmen sie auf, gaben sie weiter. Durch Generationen, durch Jahrhunderte werden sie weitergesprochen, weitergehört, weitergeschrien, weiterbedacht und füllen sich dabei mit den Erfahrungen und Schicksalen und Wünschen aller, die sie in den Mund nahmen. Wenn sie zu einer neuen Generation kommen, so tragen sie die Gedanken aller Früheren mit sich, auch alle ihre Missverständnisse und allen Missbrauch.

Kaum ein Wort ist auf dem Weg der Christenheit so oft, so bewusst, so ängstlich oder so leidenschaftlich weitergesprochen worden wie das Vaterunser. Wenn es nun zu uns kommt, bringt es also die Schicksale von Millionen mit, ihr Leiden und ihr Glück, ihre Angst und ihre Hoffnung, ihre Nöte und ihre Dankbarkeit. Der Notschrei irgendeines Leibeigenen, eines Gefangenen, eines Kranken, das Glück eines Liebenden, einer jungen Mutter, eines fröhlich Schaffenden, die Gefährdung eines Abenteurers, die Geduld und tragende Kraft eines Einsiedlers, die Verantwortung eines Regierenden. Es ist mit allen großen Überlieferungen der Menschheit so. Man kann sie nicht abschaffen. Sie sind da. In einer geistigen Weise oder in einer geistigen Welt, wie immer wir sagen wollen, und wir sind geführt und getragen, gefährdet oder auch getröstet, indem wir sie aufnehmen. Wir sind ja nicht die, die alles erfinden müssten. Wir tragen nicht nur das Erbe früherer Menschen in uns, sondern auch ihre Gedanken, ob wir sie kennen oder nicht. Wir bewegen uns in ihnen. Wir leben aus ihnen. Wir brauchen uns unseren Zugang zu Gott, den Zugang auch zu allen Hinter- und Untergründen des Daseins nicht allein und selbst zu suchen. In solchen Worten öffnet sich uns, leise und vielleicht

manchmal nur einen Spalt breit, die Tür in die größere
Welt, die Tür zur Wahrheit, die Tür zum Sinn unseres
Lebens. Und manchmal, wenn wir ein so altes Wort sprechen, geht es uns wie ein Lichtstrahl auf: Ja! Das ist es!
Das geht uns an! Hier ist ein Weg für uns, für mich! Es
gibt ja nicht nur das, was wir die Geschichte nennen, die
Folge von Ereignissen aus einer vergangenen, vielleicht
vergessenen Welt. Es gibt auch die Geschichte ihrer Wir-
kungen, die wir bis heute in jedem einzelnen Ereignis
aufspüren können, und es gibt eine geistige Wirkung von
alles durchdringender Kraft.

Wenn wir ein Wort wie das Vaterunser nun selbst sprechen, so stellen wir uns in die Reihe all derer, die ihm
nach ihre Lippen bewegt haben. Wir versuchen auch,
es so zu hören und nachzusprechen, wie es für jene, die
Jesus unmittelbar gegenüberstanden und ihn hörten, ge-
klungen haben mag. Und dann füllen wir es erneut mit
unseren eigenen Gedanken, mit unseren Empfindungen
und Ängsten und Wünschen. Wir treten selbst ein in die
Situation, in der es zum ersten Mal laut wurde, und das
tun wir als die Kinder dieser unserer heutigen Zeit und
Welt.

Du Vater!
Von dir komme ich her. Ich bin erfüllt von dir.
Du bist das Haus, in dem ich wohne,
das Ziel, auf das ich zugehe.
Was in dieser Welt wahr ist, das ist es,
weil du die Wahrheit bist.
Was Leben hat, das lebt, weil du das Leben bist.

Was schön ist, ist es durch dich, ewige Schönheit.
Und wenn alles dunkel ist,
wenn ich mein Schicksal nicht verstehe,
dann schaust du mich doch aus der Dunkelheit an.
Du siehst mich als einer, der mich liebt.
Indem ich dein Licht spiegele, wird mein Gesicht hell.
Mein ganzes Dasein ist eingefasst in dich,
und aus dir werde ich nicht fallen.
Ich vertraue darauf, dass ich in einer Welt,
in der das Elend und das Böse
unbesiegbar scheinen,
das Wagnis eingehen kann,
ein Liebender zu sein.

Segen

Was ist ein Segen? Stell dir einen Acker vor. Es liegt Saat in ihm, aber der Acker ist trocken. So wächst nichts. Nun setzt Regen ein. Die Saat geht auf und wächst. Der Regen »segnet«, das heißt: Er hilft, dass etwas aufgeht, dass etwas wächst, dass etwas gedeiht. Wenn Gott uns segnet, dann wächst etwas in uns, es gedeiht etwas, es reift Frucht. Der Same springt auf und wird frei, und aus einer Erde, aus der scheinbar nichts zu erwarten war, wächst Vertrauen, wächst Dankbarkeit.

Und so helfen wir einander zu Wachstum und Lebensbejahung und Reife, indem wir, und sei es so, dass der andere es gar nicht hört, für ihn sprechen: »Gott segne dich.« »Er behüte dich.« »Er geleite dich.« Oder: »Gott lasse dich seine Liebe spüren.«

UNSER GOTT
    der Mächtige,
    Ursprung und Vollender
    aller Dinge,

segne dich,
    gebe dir Gedeihen und Wachstum,
    Gelingen deinen Hoffnungen,
    Frucht deiner Mühe,

und behüte dich
    vor allem Argen,
    sei dir Schutz in Gefahr
    und Zuflucht in Angst.

Unser Gott lasse leuchten sein Angesicht über dir,
    wie die Sonne über der Erde.
    Wärme gibt dem Erstarrten
    und Freude gibt dem Lebendigen,

und sei dir gnädig,
    wenn du verschlossen bist in Schuld,
    er löse dich von allem Bösen
    und mache dich frei.

Unser Gott erhebe sein Angesicht auf dich,
    er sehe dein Leid
    und höre deine Stimme,
    er heile und tröste dich

und gebe dir Frieden,
    das Wohl des Leibes
    und das Wohl der Seele,
    Liebe und Glück.

Amen.
    So will es Gott,
    der von Ewigkeit zu Ewigkeit bleibt.
    So steht es fest nach seinem Willen
    für dich.

Gebet im Alter

GOTT ALLER GÜTE, ICH DENKE ZURÜCK.
Ich gehe noch einmal den Weg
durch alle meine Jahre.
Nicht an meine Leistung denke ich.
Sie ist gering.
Nicht an das Gute, das ich getan habe.
Es wiegt leicht
gegen die Last des Versäumten.

An das Gute, das du mir getan hast,
denke ich und danke dir.
An die Menschen, mit denen ich gelebt habe,
an alle Freundlichkeit und Liebe,
von der ich mehr empfangen habe,
als ich wissen kann.
An jeden glücklichen Tag
und jede erquickende Nacht.

An die Güte, die mich bewahrt hat
in den Stunden der Angst und der Schuld
und der Verlassenheit.

An das Schwere, das ich getragen habe,
denke ich. An Jammer und Mühsal,
deren Sinn ich nicht sehe.
Dir lege ich es in die Hand und bitte dich:
Wenn ich dir begegne, zeige mir den Sinn.

Ich denke zurück, mein Gott,
in alle die vielen Jahre.
Mein Werk ist vergangen,
meine Träume sind verflogen,
aber du bleibst.
Lass mich nun im Frieden aufstehen
und heimkehren zu dir,
denn ich habe deine Güte gesehen.

Ehre sei dir, dem Vater und dem Sohne
und dem heiligen Geiste,
wie es war im Anfang, jetzt und immerdar
und von Ewigkeit zu Ewigkeit.

Gebet in Krankheit

CHRISTUS, ICH MÖCHTE GESUND WERDEN.
Du hast unsere Krankheiten getragen.
Nimm du alle meine Kräfte in deine Hand
und heile mich. Amen.

Christus, du bist der Friede.
Ich bin unruhig und voll Angst.
Komm du. Gib mir den Frieden. Amen.

Aus der Tiefe rufe ich, Gott, zu dir.
Höre meine Stimme und hilf mir,
denn aus Elend und Angst rufe ich.

Um deine Nähe bitte ich, um deine Hilfe.
Ich bitte dich, dass du ein Wunder tust
an meinem Leib und an meiner Seele und sie heilst.

Ich kenne deine Gedanken nicht.
Ich weiß nicht, wozu ich krank bin.
Dass es dein Wille ist, das allein halte ich fest.

Ich war gesund und verließ mich auf meine Kraft.
Nun sorgen andere für mich.
Das war dein Wille. Ich will es lernen.

Ich habe unter Gesunden gelebt
und die Kranken nicht gesehen.
Nun sehe ich ein unendliches Meer
von Leidenden um mich.
Gib mir Augen für alle, die mit mir leiden.

Ich habe gemeint, mein Leben gehe ohne Ende weiter.
Aber jede Stunde bringt mich meinem Ende näher.
Bereite du mich auf die Stunde meines Todes.

Ich war immerfort am Werk und hatte nie Zeit.
Nun geht meine Zeit nutzlos dahin.
In dem allem ist dein Wille.

Viel Unordnung habe ich hinterlassen.
Viel Streit, viel Lieblosigkeit und Härte des Herzens.
Vergib mir meine Schuld
und gib mir die Zeit, allen anderen zu vergeben.

Heile du mich, Gott, an Leib und Seele
und lass mich genesen zu einem neuen Anfang
hier auf dieser Erde oder, wenn es dein Wille ist,
zum ewigen Leben.

Ich befehle mich in deinen Willen.
Ich möchte dich finden, dich empfangen,
dir danken und dich preisen in Ewigkeit.

Gebet in der Freude

DU IN DEINEM LICHT STRAHLENDER GOTT,
du bist deiner Sonne gleich in ihrem Aufgang.
Wir warten auf dich, wie die Erde wartet.
Wir rühmen dich, wie es alles tut, was lebt,
wie das All der Welt.

Denn alles Geschaffene ist dein.
Alles, was ist, erzählt deine Gedanken.
Alles, was ist, zeigt uns deine Weisheit.
In allem, was ist, erfüllt sich dein Plan,
auch in mir.

Du bist in der Bläue über mir,
du bist in der Erde unter mir.
Ich selbst bin in dir und preise dich,
herrlicher Gott.

Ich möchte nichts
als hier sein und in dir leben.
Ich möchte mich lassen, mich freigeben.
Ich möchte mich öffnen
und mich offen in der Hand halten, dir entgegen.

Den eigenen Weg finden

ICH MÖCHTE WOLLEN, GOTT, WIE DU WILLST.
Ich gehe meinen Weg durch die Tage,
durch unzählige Tore.
Aus einem armen, leeren Tag in die Ruhe der Nacht,
aus der Ruhelosigkeit einer Nacht in einen reichen Tag.
Abend und Morgen sind die Tore,
durch die du mich führst.

Meinen Weg gehe ich
und begegne Menschen.
Ich finde ihr Geschick, ihre Wünsche,
ihr Leid und ihre Mühe.
Ich möchte, dass du mich führst,
wenn ich zu den Menschen komme,
damit ich dich finde in ihren Gesichtern.

Dich suche ich, mein Gott,
auf meinen vielen Wegen.
Ich finde dich nicht,
wohin ich mich auch wende,
wenn du mir nicht das Tor öffnest.
Du selbst bist das Tor.
Ich will es durchschreiten
und dich finden.

Mich selbst suche ich.
Aber ich finde keinen Weg zu mir.
Ich irre in mir selbst und bitte dich:
Führe mich durch den Irrgarten meiner Seele
und zeige mir die Tür,

durch die ich zu dir eintreten darf,
damit ich nicht bei mir, sondern bei dir wohne.

Gott, du willst, dass ich meinen Weg finde.
Du willst, dass ich glücklich bin
und an ein Ziel gelange.
Ich möchte wollen, wie du willst.

V.

Lass dich selbst.
Du lebst in der Hand Gottes

Wie wir heute leben können

Wahrnehmen

Du stehst einer Landschaft gegenüber. Einem Kunstwerk. Einem alltäglichen Gegenstand. Einem Menschen. Was du siehst, sieht dich an. Es spielt etwas zwischen ihm und dir. Du musst also einer sein, der aufnimmt, was zu ihm kommen will. Was du sehen willst, muss eine Entsprechung in dir haben. Willst du Weite erfahren, so muss Raum in dir sein und Weite. Willst du Farben sehen, so muss Farbe in dir sein. Willst du eine Gestalt sehen, so musst du selbst eine Gestalt sein. Immer wirst du nur erfahren, was in dir eine Resonanz findet. Immer wirst du dich in einer Welt vorfinden, die der Welt entspricht, die in dir ist. Und willst du eine größere, weitere Welt erfahren, so musst du dich selbst weiten. Sonst bleibt, was du zu fassen bekommst, so ängstlich und klein, so eng und verbaut wie du selbst. Du musst »sein«, willst du erfahren, was das Sein der Dinge um dich her ausmacht.

Du wirst also in die Welt tiefer eindringen, wenn es dir gelungen ist, tiefer in dich selbst hinabzusteigen. Bedeutungen werden sich dir offenbaren in dem Maß, in dem du geübt bist, was du selbst bist, zu deuten. Du wirst also in der Welt um dich her immer auch dich selbst mit wahrnehmen. Der Mensch, der du bist, und die Welt werden »zusammenfallen«. Zusammenfallen, ins Griechische übersetzt, heißt »Symbol«. Ein Symbol ist ein Bildzeichen, in dem sich dir die Welt und du selbst miteinander deuten. So spricht sich aller Glaube in Symbolen aus, und das deshalb, weil ein Glaube nie nur etwas meint, was über dir oder dir gegenüber ist, sondern immer dich selbst einbegreift. Einen Glaubenssatz, der nicht über das hinaus, was er bekennt, auch von dir selbst spricht, kannst du vergessen. Er ist kein Glaubenssatz, sondern nur eine, vielleicht religiöse, Behauptung.

Achtsam werden

Es kommt also auf Achtsamkeit an. Auf Sorgfalt. Was du siehst, erwartet von dir, dass du achtsam, dass du sorgfältig mit ihm umgehst. Wirklich sehen heißt, die Dinge nicht einfordern. Nicht Besitz ergreifen von ihnen. Nicht sie zerstören. Nicht sie missbrauchen. Sich ihnen behutsam nähern, ehrfürchtig dem Fremden gegenüber. Dabei immer genauer sehen. Immer mehr wahrnehmen. Alles ist wunderbar für sehende Augen.

Sehen heißt darum: verstehen, dass alles ein Geschick hat und dass jedes fremde Geschick dich angeht. Auch das der kleinen Muschel am Strand. Achtsamkeit meint: Alles, was du siehst, was dir begegnet, was sich um dich her abspielt, ist deiner Sorgfalt anvertraut. Menschen, Gesichter, Schicksale, Vorgänge. Alles Schöne, alles Böse, alles Missglückte, alles Ungenaue, soweit deine Kräfte reichen. Und alles will in seinen Einzelheiten gesehen sein. Es berührt dich, was irgendwo in Indonesien geschieht. Es berührt dich, was im Haus des Nachbarn erlitten wird. Nicht, dass du überall einzugreifen hättest. Aber achten musst du auf alles, was du siehst; vielleicht geht es dich an. Sehen heißt achtsam sein.

Nimm dich leicht!

Es gibt einige Anzeichen, an denen du erkennst, ob ein Mensch gesund ist, genauer, ob mit ihm eine Heilung geschehen ist. Eines davon ist seine Fähigkeit, sich selbst leichtzunehmen. Jesus sagt: Macht euch keine Sorgen! Lebt wie die Blumen! Lebt wie die Vögel unter dem Himmel! Er meint jene Lebensleichtigkeit, die wir in unserem festgezurrten Lebensernst gerne als naiv bezeichnen. Jesus will, dass wir das Gewicht unseres Habens, die Last unserer Gedanken oder die Schwere des Gemüts liegen lassen und aufstehen. Er möchte, dass wir das Leichte leicht und erst das wirklich Schwere schwernehmen.

Worin besteht denn unsere Krankheit? Im Grunde darin, dass wir uns selbst wichtig sind. Wir halten zu viel von unserer Leistung. Zu viel von unserer Bedeutung. Wir sollten ein Lächeln haben für den Stolz, der seine eigene Wichtigkeit nicht weglegen will. Wir überschätzen ständig, was wir aus uns gemacht haben, und sehen zu wenig, dass wir, was wir sind, praktisch von anderen empfangen haben. Solange wir von unserer Leistung überzeugt sind, sind wir noch angefüllt mit uns selbst.

Woher haben wir denn unseren wirklichen Wert? Wenn du einmal von einem anderen wirklich geliebt worden bist, weißt du es: Du bist so viel, wie er in dir sieht. Die Augen der Liebe bestimmen deinen Wert. Sie machen dich unersetzlich. Und das ist dann gerade kein künstlicher, sondern dein wirklicher Wert. Und so sagt das Evangelium: Du bist wertvoll, weil Gott dir seine Liebe zuwendet.

Das ist übrigens das, was die sogenannte Rechtfertigungslehre, die so streng daherkommt, dir sagen will. Sie ist so einfach, dass man sich fast scheut, sie als eine Auskunft über Sinn und Ziel eines langen Lebens in Worte zu fassen. Sie sagt: Versteh dich nicht als Täter, nicht als Könner, nicht als großen Meister. Was du bist, das bist du dadurch, dass Gott dich liebt, dass er die Armut und Leere, die du mitbringst, mit sich selbst ausfüllt. So, dass du am Ende »recht« bist, das heißt in der richtigen Weise vor ihm stehst: nämlich als schlichter Mensch vor dem heiligen Gott. Und so ist diese »Rechtfertigungslehre« auch die Quelle für den Humor, mit dem Christen sich sehen und durch den sie sich selbst leichtnehmen können.

Von dem großen Papst Johannes XXIII. wird erzählt: Bei ihm beklagte sich ein neu ernannter Bischof in der ihm zum ersten Mal gewährten Privataudienz, das neue Amt sei so schwer, dass er nicht mehr schlafen könne. »Oh!«, machte Johannes in mitleidsvollem Ton, »mir ging es in den ersten Wochen meines Pontifikats genauso. Aber dann sah ich einmal im Traum meinen Schutzengel, der sagte mir: ›Giovanni! Nimm dich nicht so wichtig.‹ Seitdem kann ich schlafen.«

Spirituelles Leben besteht weniger darin, dass wir etwas gewinnen, dass wir also besser werden, wachsen und zunehmen an dieser oder jener Qualität, als darin, dass wir viel, sehr viel, aufgeben, abgeben und weggeben. Spirituelles Leben gedeiht am lebendigsten in einem inneren Raum, in dem die Gedanken und die Wünsche, die Leistungen und das eigene Wachstum immer unwichtiger werden.

Jede Religion, die überhaupt spirituelle Wege anweist, ist der anderen darin ähnlich. »Abgeschiedenheit«, sagen die einen, »Gelassenheit« die anderen, »Leersein«, »Nichts-Werden«, »Vernichtigung« wieder andere. Dieser

Zustand aber ist mehr als nur ein inneres oder äußeres Ruhen; er ist die Fähigkeit, von sich selbst Abstand zu nehmen, auf sich selbst und seinen Beitrag zu verzichten, seine Leistung zu vergessen, und er ist – ganz am Ende – die Fähigkeit, in Gelassenheit und Vertrauen zu sterben.

So von sich selbst zu denken, so Abstand zu nehmen von der eigenen Wichtigkeit, ist unmodern. Ich weiß. Aber es wäre auch für uns gut, so denken zu können und nicht immer nur unser aufgeblasenes Ich zu betrachten. Unser Umgang mit anderen Menschen und anderen Geschöpfen und mit den Elementen, in denen wir mitleben, würde anders, lebendiger und fruchtbarer. Meister Eckhart sagt: »Du sollst wissen, dass noch nie ein Mensch in diesem Leben so von sich gelassen hat, dass ihm nicht eine noch größere Gelassenheit möglich gewesen wäre. Aber so vieler Dinge du dich aus deinem Eigenen begibst, mit so viel hält Gott Einzug in dir. Du musst dich nur aller Dinge, die du hinter dir lässt, redlich und vollkommen entäußert haben. Damit fang an und lass es dich alles kosten, was du nur aufzubringen vermagst. Und so findest du den wahren Frieden und nirgends sonst.«

Geh also so tief in dich hinein, dass du erkennst, wie viel näher du dem Nichts bist als einer wichtigen Person. Und nimm dieses Nichts an. Lege alle Orden und Ehrenzeichen, die man dir anhängt, ab. Alle Titel und Ränge. Alles Renommee. Alle »eitle Ehre«, wie Paulus sagt. Und dann komm aus dir heraus in die Wirklichkeit, in deren Zusammenhang du wirklich lebst. Und die Wahrheit wird dich frei machen.

So sagt der Christus-Hymnus in Philipper 2, Jesus habe »sich selbst leer gemacht«. Alles, was an ihm göttlich und groß war, habe er sozusagen »aus dem Haus geworfen«, das er selbst war, und habe dafür wie einen Gast den Auftrag in sich aufgenommen, ein Mensch zu sein wie andere Menschen. Später nahmen die geistlichen Lehrer und Lehrerinnen der mystischen Tradition diesen Gedanken auf und sprachen vom »Leerwerden«. Leer wollten sie sein von eigenen Gedanken und Einfällen, von Wünschen und Absichten. Leer von sich selbst. »Vacare Deo«, sagten sie, »leer sein für Gott« sei eines der Zwischenziele auf dem Weg unseres Eingehens in Gott. Sie sprachen auch von »Nichtigung unser selbst« oder von dem Nichts, das in uns sei und das wir seien. »Wer dir dein Nichts zeigen will«, sagt einer, »den nimm dankbar und freundlich auf, denn er erinnert dich daran, was du in Wahrheit bist: Nichts.«

Nicht dass es dir am aufrechten Stand mangeln sollte – du bist nicht der Unterworfene, der sich einem Sieger oder einem Herrscher unterwirft. Aber du erkennst, wie wenig von dir abfallen muss, bis du ein Nichts bist. Bis du ins Nichts fällst. Und wo du das siehst, da sollst du wissen, dass in diesem Nichts deiner selbst eine Hand ist, die dich auffängt.

Thomas a Kempis sagt: »Hast du etwas Gutes an dir, so halte die anderen Leute für besser als dich. Es schadet dir nicht, wenn du dich unter alle Menschen stellst, aber es schadet dir sehr, wenn du dich auch nur über einen Menschen erhebst.«

Man könnte also sagen: Solange du dich für mehr hältst als einen anderen, bist du weniger als er. Und wenn dir schwerfällt, ihn für mehr zu halten, dann siehst du, wie weit der Weg ist, den du noch zu gehen hast.

Sich selbst annehmen

Ich spreche diesen Satz in aller Gelassenheit aus: Ich bin. Und ich empfinde, damit sei ich eigentlich schon ein wenig auf dem Wege zum Glück. Ich lege ein wenig Bejahung meines Wesens und Schicksals in ihn hinein und ahne etwas vom Sinn meines Daseins. Ich sage ihn mit einer gewissen Leichtigkeit, denn ich habe mich ja nicht gemacht. Ich bin also auch nicht verantwortlich für alles, was ich bin. Ich habe nicht zu rechtfertigen, dass ich bin und dass ich jetzt bin und hier. Ich nehme mich als das Werk eines anderen an und lebe mit dem Menschen, der ich bin, einverstanden und vielleicht ein wenig dankbar und, wenn es gelingt, glücklich. Ich bejahe mich wie beiläufig und nehme mich nicht gar so wichtig.

Ich spreche diesen Satz aber noch aus einem anderen Grund mit einer gewissen Sorglosigkeit aus. Das Evangelium berichtet: »Und Jesus nahm Petrus, Jakobus und Johannes zu sich und ging mit ihnen allein auf einen hohen Berg. Und er wurde vor ihren Augen verwandelt. Sein Angesicht leuchtete wie die Sonne, und seine Kleider wurden weiß wie das Licht.« (Matthäus 17,1–2)

Nirgends schildert das Evangelium Jesus als eine Heldengestalt. Nirgends wird gesagt, er sei besonders groß, besonders gebildet, stark oder schön gewesen. Erst Jahrhunderte nach ihm meinte man, er müsse wohl »der Schönste unter den Menschenkindern« gewesen sein. Es wird aber von ihm gesagt: »Eine Kraft ging von ihm aus.« »Er leuchtete wie das Licht.« Er war durchscheinend. Er war durchlässig. Und er war darin nicht nur Offenbarer Gottes, sondern auch das Bild des Menschen, der aus Gott ist.

Gilt dies aber auch von mir – und das eben ist das Evangelium für mich –, dann brauche ich mich weder zu überfordern noch mich für untauglich zu halten, ich brauche nur das zu sein, was ich bin. Ich muss die Wahrheit nicht erfinden, ich brauche ihr nur meine Stimme zu geben. Ich brauche die Liebe Gottes nicht aufzubringen, ich darf ihr nur kein Hindernis sein.

Und so nehme ich es auch gerne hin, dass so wenig von dem, was ich mir vornehme, in diesem Leben fertig wird. Denn wenn all dies wahr ist, dann braucht nichts fertig zu werden, weder mein Wesen noch mein Werk. Ich lebe in einer Welt der Anfänge. Ich weiß, dass diese Welt vergehen wird, und gehe auf das Neue zu, das Gott schaffen wird. Ich lebe von dem, was ich bin, auf das zu, was ich sein werde, und glaube, dass Gott mehr in mir sieht als ich: das Künftige nämlich, das er mir bestimmt hat.

Indem ich das alles so ausspreche, fällt mir auf, dass ich bei Weitem mehr sage, als ich wahrnehme. Ich sage: »Ich nehme mich an.« Und vielleicht gelingt es mir in guten Stunden wirklich. Aber mein eigener Glaube ist ja nicht weniger verborgen, mein eigener Glaube will ja ebenso geglaubt sein, wie Gott geglaubt sein will oder wie der Mensch nicht gesehen werden kann, wenn man ihn nicht glaubt. Auch mein eigener Glaube, meine Hingabe, meine Liebe sind nicht beweisbar. Wer sagt mir denn, ob mir nicht morgen alles aus den Händen gleitet, was ich heute festhalte? Wer sagt denn, wie viel an meiner Liebe wirklich Liebe ist? Wer sagt denn, wie viel an meiner Barmherzigkeit wirklich Barmherzigkeit und nicht vielmehr etwas ganz anderes ist, vielleicht nur eine besondere Form von Ichsucht?

Alles, was zwischen Gott und mir spielt, muss ich glauben, auch die Tatsache, dass ich ein Glaubender und ein Liebender bin. Und zwar darum, weil es an dieser Stelle nicht darauf ankommt, was ich wahrnehme, sondern was Gott, den neuen Menschen in mir vorwegnehmend, in mir sieht.

Ich glaube also, dass ich ein Glaubender bin, auch wenn ich über die Motive meines Glaubens keine Rechenschaft geben kann. Ich glaube also, dass mein Ja zu meinem Dasein Ausdruck meines wirklichen Glaubens ist, auch wenn es mir nicht täglich gelingt. Und ich glaube, dass dies die einzig glaubwürdige Weise ist, ein Christ zu sein. Ich glaube, dass Gott meinen Glauben und mein Ja über dem Abgrund meines Unglaubens und meiner Gleichgültigkeit festhält.

Und so nehme ich mich an. Meine Welt, meinen Weg und Auftrag. Ich halte mich nicht mit Wünschen auf und verbrauche meine Kraft nicht in der Sorge um mich selbst. Und was ich dann tue, das ist in all meiner Schwachheit meine Antwort an Gott. Alles, was danach ein Ja ist oder ein Ja sein möchte, ob es ein Tun sei oder ein Lassen, ist mein Dank, mein Gebet, mein Beitrag zu Gottes Reich.

Mit der Zeit umgehen lernen

Dir ist Zeit gegeben. Stunden, Tage, Jahre. Wie gehst du mit deiner Zeit um?

Wir leben selten mit unserer Zeit und in unserer Zeit. Es ist eher so, dass wir durch sie hindurchgetrieben werden. Wir warten auf sie, wir füllen sie mit Leistung, wir vertrödeln sie, und alles ohne ein wirkliches Maß. Wir werden, wenn wir über unsere Zeit nachdenken, bald bemerken, dass unser Glück, unsere Gelassenheit und unsere innere Ordnung zusammenhängen mit dem, was man in altmodischen Zeiten Zucht nannte oder Disziplin.

Nur der Augenblick gehört dir. Die Vergangenheit ist vorbei. Was die Zukunft bringt, weißt du nicht. Also wende dich dem Augenblick freundlich zu. Was du hastig tust, weil deine Gedanken in der Zeit vorauslaufen, kannst du nicht sorgfältig und das heißt nicht recht tun. Du verdirbst den Augenblick, in dem doch alles seinen Sinn findet. Tu nie etwas schnell oder flüchtig, tu aber alles in so wenig Zeit als dir möglich ist. Denn es gibt noch viel zu tun. Das hört sich an, als wäre es ein Widerspruch. In der Praxis geht es gut zusammen. Wenn die Hausglocke läutet oder das Telefon, dann brich mit dem Handgriff ab, den du eben tust, und wenn du schreibst, unterbrich mitten im Satz.

Meine nicht, du gewönnest Zeit, wenn du dir keinen Schlaf gönntest. Das wäre auf die Dauer ein schwerer Irrtum. Und meine auch nicht, du gewinnst Zeit, wenn du dich mit allerlei Mitteln aufputschst. Auch das dürfte näher an einer Selbsttäuschung als an der Wirklichkeit sein.

Immer wieder, an der Straßenbahnhaltestelle, vor jeder roten Ampel, vor einem Postschalter gibt es kleine Zeitabfälle, mit denen nichts Rechtes anzufangen ist. Wenn du sie mit sinnvollen Gedanken oder mit Atemübungen ausfüllst, statt dich zu ärgern, gewinnst du eine Menge Zeit.

Wenn du deine Stunden mit Unwichtigem verbringst, kommst du leicht zu der Meinung, du habest keine Zeit. Wenn du sie mit dem verbringst, was jetzt wichtig ist, wirst du feststellen, dass der Augenblick, in dem du dich einem Menschen zuwendest, immer übrig bleibt und dass er gut angewandt ist.

Du bist in einem Gespräch. Leute, die mit der Zeit nicht umgehen können, erkennst du daran, dass sie die anderen ständig unterbrechen. Lass dir Zeit zu warten, bis der andere ausgeredet hat. Denn auch die Zeit der anderen ist dir anvertraut. Halte also Verabredungen genau ein. Und vertrödle nicht die Zeit der anderen, die sie mit dir verbringen sollen. Wenn du ihnen etwas sagst, dann sage es so knapp als möglich. Aber sage es so, dass keine Missverständnisse entstehen, die dazu noch geklärt werden müssen. Leute, bei deren Anruf man schon weiß, dass sie nun eine halbe Stunde um tausend Dinge herumreden werden, sind schrecklich. Aber das andere gilt auch: Es liegt an dir, was dabei aus deiner Zeit wird. Wenn andere deine Zeit vertrödeln, dann versuche, nicht ungeduldig zu werden. Ich kenne das. Ich bin von Hause aus ein Mensch, dem alles zu langsam geht und dem alles Trödeln zuwider ist. Aber auch diese Zeit bleibt deine Zeit, und wenn dabei deine Geduld wächst, so ist sie sinnvoll gelebt.

Glaube nie an das Märchen, du müssest mit dem, was du lesen, genießen oder tun willst, warten, bis du alt wirst und dein Beruf dich freigibt. Was wichtig ist, muss heute geschehen, und viele bemerken zu spät, dass, was sie sich für ihr Alter vorbehalten haben, nicht mehr kommt.

Es liegt eine tiefe Weisheit – und nicht, wie wir meinen, eine naive Einfalt – darin, wenn Jesus sagt: »Mach dir keine Sorgen um den morgigen Tag. Der morgige Tag wird für sich selbst sorgen. Es ist genug, dass jeder Tag seine eigene Plage hat.« (Matthäus 6,34)

Wenn du etwas Schönes siehst, dann lass dir Zeit. Wo etwas Heilendes geschieht, da bleib lange stehen. Ein Zeitverschwender aber wirst du sein müssen, wenn jemand deine Liebe braucht, deine Hilfe oder deinen Trost. Wo dir Trauer begegnet oder Leid, da ist es Zeit für viel Zeit. Denn die Zeit weitet sich, wo Wichtiges geschieht. Am Ende wird kaum etwas Schöneres über dich gesagt werden können als: »Er – oder sie – hat Zeit für mich gehabt.« Und das will heißen: Er hat ein Stück von sich für mich hingegeben.

Zu den Übungen mit der Zeit gehört auch die Erinnerung. So zum Beispiel: Eben war ein Besucher bei dir und hat irgendetwas mit dir besprochen. Jetzt, da er gegangen ist, denkst du einen Augenblick nach über das, was war. Es ist nicht nur eine Übung des Gedächtnisses, sondern vor allem des Herzens, sich klarzumachen: Was hat er erzählt? Was haben wir beredet? Mit welcherlei Gedanken geht er nun seinen Weg?

Oder etwa: Du prüfst am Abend, was der Tag gebracht hat. Er bestand aus ungezählten kleinen Fetzen Zeit. Du warst eine Stunde hier, dann zwei Stunden in einer Besprechung. Du hast fünf oder sechs Telefongespräche geführt. Mit wem eigentlich? Du hast deine Briefe geschrieben. Eine halbe Stunde Zeitung gelesen. War das alles? Nein, da war noch ein Einkauf, noch eine Reparaturarbeit im Haus. Du sagst dir das nicht, weil du dir deine Leistung vor Augen führen willst, sondern weil du das Zurückschauen übst. Ein Dankgebet am Abend ist ein Gebet im Rückblick, und du wirst es nicht mit Sinn und Verstand sprechen können, wenn du dich nicht zu erinnern vermagst.

Nichts ist dir so ausschließlich und nur dir anvertraut wie deine Zeit. Nichts wird dich so persönlich prägen wie deine Zeit des Tuns und des Lassens. Ich selbst hatte nun eine über neunzig Jahre lange Zeit, von der das weitaus meiste meinem Gedächtnis entfallen ist. Was mir aber entfiel, ist noch in mir. Ich glaube nicht, dass unsere Seele irgendetwas vergisst. Am Ende werde ich aus all dem bestehen, an das meine Seele sich erinnern wird. Die Zeit ist das eigentlich kostbare Geschenk des Schöpfers an das Geschöpf.

Und so danke ich für jeden Schlag der Uhr, den ich höre, und für jeden Morgen, den ich erlebe. Ich bitte Gott nicht, er möge mir mehr Zeit geben, ich bitte ihn vielmehr um die Kraft und die Gelassenheit, jede Stunde mit dem zu füllen, was notwendig ist. Ich bitte ihn darum, dass ich ein wenig von dieser Zeit freihalten kann und darf von Befehl und Pflicht, ein wenig von dieser Zeit für Stille, für das Spiel, für die Menschen am Rande meines Lebens. Jede Stunde ist ein Streifen Land, den ich öffnen kann mit dem Pflug meiner Arbeit. Ich möchte Liebe hineinwerfen, Gedanken, Gespräche, Trost und Segen für viele, damit am Ende etwas wie Frucht gewachsen ist.

Lassen

Jedes Alter hat seine Weisheit. Denn Weisheit ist ja nicht einfach nur die lange Erfahrung, die bewährte Routine oder das angesammelte Wissen, sondern ein weites und nachdenkliches Herz. Sie ist ein Wissen darüber, was jetzt eben richtig ist. Und manchmal ahnen junge Menschen genauer, wie sie wählen und was sie tun sollen, und sie leben konsequenter danach.

Weisheit ist nach der Bibel die Kraft, Gedanken und Tatsachen nüchtern zusammen zu sehen, das praktische Wissen um die Wege zum Leben und zum Glück. Sie meint, Weisheit lerne man nicht durch Weitläufigkeit, sondern durch die Bereitschaft, schmale und schwierige Wege zu gehen; und sie sagt klar, dass immer am ertragreichsten die Wege seien, die durch Leid führen; und wer Weisheit gefunden habe, sei bereit, sich unter viel Last zu beugen.

Wenn Gott dir diese Art Weisheit gibt, dann kannst du etwa so sagen: Was immer mir widerfährt oder widerfahren kann, es läuft eine Linie durch meine Jahre. Von einer wissenden Macht gezogen. Von Gott. Nichts geschieht einfach so. Es geschieht alles auf mich zu. Was um mich her geschieht, spricht zu mir und meint mich. Was ich erfahre, will an mir etwas ändern.

Was ich Zufall nenne, fällt mir zu. Es ist mir zugedacht. Von wem sollte es mir zufallen, wenn nicht von Gott? Was mir Gutes einfällt, ist ein Gedanke, der irgendwoher einfällt und mich meint. Von wem sollte es einfallen, wenn nicht von Gott?

Alles, was geschieht, geschieht auf mich zu. Alle Wahrheit, die ich verstehe, hat ihren Ursprung in Gott. Alle Liebe, die ich gebe oder empfange, ist der Hauch einer Erfahrung Gottes. Alle Lebenskraft, die mich erfüllt, ist ein Teil der Kraft Gottes, die das Universum erfüllt.

Alles, was mir schwer aufliegt, was ich also tragen soll, hat mir einer auferlegt. Ich öffne mich also dem, was kommt. Ich öffne mich dem, der zu mir kommt und aus dem alles ist, was mein Leben und mein Schicksal ausmacht.

Lass also deinen Willen. Du kannst ohnedies nicht verantworten, was du tust und was durch dich geschieht. Lass dich führen.

Lass einmal deine Pläne. Dein Leben findet seinen Sinn nicht mit dem, was du von deinen Plänen erreichst. Vertraue dich dem verborgenen Plan an, den Gott mit dir hat. Er kennt dich.

Lass auch einmal deine Sorgen um andere Menschen. Du besserst wenig mit deinen Sorgen. Tu, was nötig ist. Aber vertraue der Sorge, die in Gottes Willen am Werk ist.

Lass deine Angst vor der Übermacht anderer Menschen. Jesus Christus war wehrlos zwischen den Mächtigen. Die Mächtigen sind untergegangen. Er lebt. Und du wirst mit ihm leben.

Lass deine Angst vor deinem eigenen Versagen. Du brauchst weder ein vollkommener noch ein wichtiger noch ein allseits geachteter Mensch zu sein. Wichtiger ist, dass du weißt: Ein gesegneter Mensch wirst du sein nach seinem Willen.

Lass alle ungelösten Fragen. Lass alle Mühe, die du mit dir selbst hast, dann und wann ganz und gar stehen oder liegen. Lass alle verkrampften Erwartungen an dich oder an die Menschen. Du wirst auf deine Fragen in dieser Welt keine Antwort finden außer dem Vertrauen, dass es einen Augenblick geben wird, in dem dir die Wahrheit aufgeht.

Renne nicht gegen verschlossene Türen. Bleib stehen mit Gelassenheit und Geduld. Eines Tages werden sie sich öffnen und du wirst Gott begegnen.

Lass dich selbst. Du lebst in der Hand Gottes. Und das gilt.

Was ist der Sinn des Lebens?

Wer an die Grenze gerät, an die Grenze seiner Lebenszeit oder an die Grenze seiner Kraft, an die Grenze des Schönen und Festlichen in seinem Leben, wenn alles abfällt in Ratlosigkeit oder Angst, fragt nach dem Sinn, den all dies haben oder gehabt haben möchte. Dass er so fragt, ist unvermeidlich. Aber es ist ebenso unvermeidlich, dass er dabei ohne Antwort bleibt. Denn alle Antworten, die von einem Sinn des Lebens sprechen, gelten ihm nur so lange, bis er weiterfragt. Wenn der Sinn seine Arbeit sein soll, wozu dann die Arbeit? Wenn die Gerechtigkeit, wenn die Freiheit, wenn die Höherentwicklung der Menschheit – wozu dann all dies? Wenn das »Reich Gottes« die Chiffre sein soll, die für den Sinn unserer Mühe und unseres Nachdenkens stehen soll – wozu dann das Reich Gottes? Wer braucht es? Wer nach dem Sinn fragt, der fragt nach dem Ganzen des Daseins, und er wird daran scheitern, dass unserem Menschenherzen und unserem Menschengeist das Ganze der Welt und das Ganze des Daseins zu groß, zu fern und zu fremd sind. Es gibt keine Antwort auf die Frage nach dem »Sinn«, auch keine christliche.

Ich weiß auch, dass es eine Grenze für alle frommen Worte gibt. Ich habe oft genug gesehen, dass Menschen so über das Maß ihrer Kraft und ihres Glaubens geschunden und getreten sein können, dass ein Wort sie nicht mehr erreicht, und ein Wort, das von Glauben und Hoffen spricht, schon gar nicht.

Ich weiß aber auch, nein, ich glaube es – wenn überhaupt am Evangelium ein Wort wahr ist –, dass kein Weg eines Kranken oder Verlassenen in der Krankheit oder in der Verlassenheit enden muss. Womit ich das belege?

Ich kenne keinen Beleg dafür außer der seltsamen Fähigkeit von Menschen, zu lieben und Liebe anzunehmen. Keinen Beleg außer der Liebe, mit der Jesus Christus den Menschen begegnet ist. Außer der Liebe Gottes, von der er spricht. Wem sollen wir es abnehmen, wenn nicht ihm?

Denn es gibt, auch ohne allen christlichen Glauben, eine Bedingung, unter der die ewige, angstvolle Frage nach dem Sinn unter den Menschen zur Ruhe kommt: dass ein Mensch sich geliebt weiß und dass seine Liebe gebraucht wird. Damit ist noch nichts bewiesen, aber es ist ein Hinweis darauf, wie es um uns Menschen und um den Sinn unseres Lebens bestellt ist.

Sinnvoll, sagt der christliche Glaube, ist ein Leben unabhängig von allen äußeren Umständen, unabhängig von Nutzen oder Erfolg dann, wenn ein Mensch, und sei es ein sterbenskranker, liebt und geliebt wird. Sinnlos wird ein Leben nicht, wenn es geistig erkrankt, wenn es das Leben eines Blinden, Tauben, Alten oder Hilflosen ist, sondern wenn es um sich selbst kreist, wenn es in der Einsamkeit seines eigenen Ich verharrt.

Sinnvoll bleibt auch das Leben eines ganz und gar hilflosen Menschen. Es kommt nur darauf an, dass er die Liebe, die er empfängt, von seiner Familie, von den Ärzten oder Schwestern, empfindet und dankbar sich gefallen lässt. Dass er spüren lässt: Ich bin dankbar.

Viele leben ja in der seltsamen Meinung, ein Mensch, der sich selbst achtet, könne und dürfe sich nicht schwach zeigen, nicht verzweifelt, nicht hinfällig. Eines der Hindernisse, an denen das Leid trostlos wird und das Trösten machtlos, ist dieser Stolz. Aber der Stolz macht uns nicht zu besseren Menschen, er hindert uns vielmehr daran, wirklich Menschen zu sein, und es ist der Stolz, der die Kammer des Leids in ein Gefängnis der Verzweiflung verwandelt.

Wo wir Liebe annehmen und wo wir lieben, kommt die Frage nach dem Sinn zur Ruhe. Das wollen wir also festhalten: Auch wo ein Leben sinnlos erscheint – sein Sinn ist die Liebe. Wir nehmen sie an. Wir geben sie weiter, so viel die Kräfte noch vermögen. Und sie ist nicht nur Sinn unseres Lebens, sondern auch sein Licht, seine Helligkeit, seine Schönheit, solange noch ein Atemzug uns durchströmt.

Lieben

Sehen heißt lieben. Nicht nur Steine, Pflanzen, Tiere, Landschaften, sondern auch Menschen. Liebe deinen Mitmenschen, sagt Jesus. Du siehst ihn, also liebe ihn. Anders wirst du ihn nicht verstehen. Man versteht nur, was man liebt. Wer nicht liebt, kann dem anderen nicht gerecht werden. Er kann ihn nicht sehen, wie er ist, nicht hören, was er meint. Von Jesus wird erzählt, er sei einem jungen Mann begegnet, der seine Schwierigkeiten mitbrachte. »Jesus sah ihn an und liebkoste ihn«, heißt es wörtlich. Dass du mit der Art deines Umgangs mit Menschen sie »liebkost«, das ist wohl die Art, in der du sie sehen sollst. Die Welt verändert sich dabei. Sie wird auch für dich selbst menschenfreundlich. Sie wird bewohnbar.

Glück

Glück kannst du beschreiben als Leichtigkeit, Weite, Freude, Liebe, Erfüllung. Mancher sagt, das Glück sei allein zu erreichen durch die Liebe. Glücklich sei, wer geliebt ist. Das ist sicher nicht falsch, aber es ist nur ein Teil der Wahrheit. Wenn du geliebt sein willst, musst du ein Liebender sein, und du musst wissen, wie sich überall im Leben ein Gesetz der Spiegelungen wiederholt: Du kannst nicht das Glück suchen und dabei das Glück des anderen verletzen. Die Liebe wird dir immer nur so viel an Leben und Glück geben, als du liebst. Lieben aber setzt deine Wandlungsfähigkeit voraus. Und Wandlungsfähigkeit wiederum gedeiht, wo der Boden, auf dem du stehst, verlässlich ist.

Glück gelingt dir, wo du für etwas lebst, das dir wichtiger ist als du selbst. Liebe findet Raum, wo dir ein anderer wichtiger ist als du selbst. Du musst also eine innere Wandlung durchgemacht haben, von einem um sein eigenes Leben besorgten zu einem hingebenden Menschen. Du gehst damit ein Wagnis ein. Aber es ist das aussichtsreichste unter allen Wagnissen, die du in deinem Leben eingehen kannst. Und eines der unumgänglichsten, wenn du Erfüllung finden willst. Was dir wichtiger ist als du selbst, das kann auch etwas anderes sein als ein Mensch. Eine Aufgabe, ein großes Ziel. Gelingen, Erfüllung, Freundschaft, Nähe und Liebe aber sind die schönsten, riskantesten, schwierigsten und zartesten Geschenke, die das Leben für dich hat; und wieder ist die Frage die, ob du ein solches Geschenk, wenn es dich denn gefunden hat, mit der Hingabe deines ganzen Menschen zu beantworten vermagst.

Es ist gewagt und anfechtbar, aber ich will es trotzdem sagen: Die Voraussetzung für den Frieden ist der glückliche Mensch, dessen Glück sich ausbreitet. Bevor Jesus von Gewaltlosigkeit, von Vergebung und Feindesliebe spricht, spricht er von den Glücklichen. Glücklich sind, so beginnt die Bergpredigt, die Armen, die Geduldigen, die Freundlichen, die Friedensstifter, die Gerechtigkeit Suchenden, die Leidenden. Glücklich? Sie sind glücklich offenbar deshalb, weil ihnen etwas anderes als sie selbst vor Augen gestellt wird. Etwas anderes als ihre eigene Sicherheit, ihr Besitz, ihr Recht, ihre Zukunft. Glücklich sind sie, weil etwas durch sie hindurchleuchtet, das aus einer anderen Welt kommt.

Das Leben feiern

Epiktet (50–140 nach Christus), der große Denker der stoischen Philosophie, der von den Christen der ersten Zeit der Kirche verehrt wurde, als sei er ein Christ, hat uns ein Gebet hinterlassen, das so lautet:
»Nichts als Dank sage ich dir dafür,
dass du mich gewürdigt hast,
mit dir das Festspiel des Lebens zu feiern,
deine Werke zu schauen
und deiner Weltregierung
mit meinem Geiste nachzugehen.«

Das Festspiel des Lebens. Ging es dem Sklaven und späteren Verbannten Epiktet besonders gut? Kaum. Aber das Leben im großen Zusammenhang, dem Uranfang, dem Augenblick und dem letzten Ende und Ziel war ihm ein Fest. Wie wird es zu einem Fest? So, dass das Leben die Unterbrechung der Zeit erlaubt als den Rückgriff auf das Uranfängliche. Diese Unterbrechung heißt biblisch »Sabbat«. Das Wort heißt auf Deutsch ganz einfach »Aufhören«. Gott schafft. Am 7. Tag hört er auf. Er ist. Der Mensch hört auf, weiter zu rennen und fängt an, zu sein. Und zwar dadurch, dass er aufnimmt, was am Anfang war: dass nämlich Gott Gott ist nicht dadurch, dass er etwas tut, sondern darin, dass er schlechthin ist und dass der Mensch Mensch ist nicht durch das, was er schafft, sondern dadurch, dass er ist. Ruhe des Menschen ist heilige Zeit. Sie ist Ausdruck des Friedens mit dem Ablauf der Zeit wie mit dem zugemuteten Schicksal, Ausdruck eines Friedens, in dem ein Wort hörbar werden kann aus dem Urbeginn der Dinge.

Diesen Rückgriff auf das Uranfängliche feiern wir als Fest. Weihnachten greift zurück in die Zeit, als die Zeit, ein Äon also, »erfüllt war«, und reaktiviert den Anfang. Es feiert die Gleichzeitigkeit zwischen der Geburt Jesu und der Geburt des neuen Menschen in uns Heutigen. Ostern greift zurück in das Urereignis der Auferstehung und feiert darin zugleich unsere eigene Auferstehung. Das Paschafest greift zurück auf das Urereignis der Befreiung und schafft Hoffnung auf künftige Freiheit. Ähnliches geschieht in jedem echten Fest. Im Erntedankfest, das so tief in der Geschichte der Schöpfung wurzelt. Im Reformationsfest. Im Neujahrsfest. Im eigenen Geburtstag. In allem so, dass ein Wort hörbar wird, das erzählt, wie aus der Unterbrechung der Zeit eine heilige Zeit wird. Wenn der Psalm sagt: »Dies ist der Tag, den der Herr macht«, so meint er den Tag, an dem der uranfängliche Akt der Schöpfung zusammenfällt mit dem Fest. Daraus aber wiederum folgt der therapeutische Sinn eines Fests: dass es nämlich die Freiheit setzt für einen neuen Anfang, der in unserer eigenen Seele geschehen soll. Wir entdecken heute wieder den Sinn des Rückgriffs in die Stille, setzen uns das Unterbrechen der Zeit als Aufgabe und finden darin einen Neuanfang.

Die Bibel sagt, alles habe »seine Stunde«. Für jedes Ereignis, jede Tat, jede Erfahrung gebe es eine bestimmte vorgesehene sinnvolle Zeit. Es gebe eine Zeit zum Pflanzen, eine zum Ernten, eine zum Bauen, eine zum Abreißen, eine für die Geburt, eine für den Tod, eine für das Fest und eine für die Klage (Prediger 3). Wir können solche Zeiten nicht bestimmen oder verändern, wir können sie nur erkennen und uns in sie einbringen. Das galt auch für Jesus, der etwa sagte: »Meine Stunde ist noch nicht gekommen.« (Johannes 2,4) Und ein andermal: »Die Stunde ist da.« (Johannes 17,1) Indem wir annehmen, was Gott uns jeweils zu seiner Stunde gibt oder aufträgt, wandeln wir die äußere Zeit, den bloßen Ablauf, in die Lebensgeschichte unserer Seele, in eine heilige Zeit.

Zuletzt aber gibt es noch die Erfahrung der stillstehenden Zeit. In der Kontemplation, der Stunde der Gegenwart vor Gott, kann es uns geschehen, dass die Zeit gleichsam ausklinkt. Anfang, Vergangenheit, Gegenwart, Zukunft und Ziel fallen in eins zusammen. Nichts Vergangenes beschäftigt uns. Nichts Zukünftiges planen wir. Es kann darum schwierig sein, nach einer Zeit solcher Kontemplation zu sagen, wie lange sie gedauert habe. Gott rührt uns an und fängt uns auf aus unserer Gebundenheit an die Zeit.

Dass wir aber um ein Ziel wissen, macht uns zudem frei von dem Zwang, alles heute, spätestens morgen erlebt, geleistet und zu Ende gebracht zu haben. Wir nehmen das Unfertige, das Bruchstückhafte all unseres Lebens und Tuns, auch unseres eigenen Reifens, in Frieden hin und in der Gewissheit, es werde alles, wenn seine Stunde gekommen ist, in ein Ganzes einrunden. In jenes Ganze, das Jesus mit dem Bild vom Reich Gottes andeutend umschreibt.

Es scheint mir kein Zufall zu sein, dass in diesen Jahren an vielen Stellen unserer Kirchen der sakrale Tanz wieder entdeckt wird. Also eine bewusste Verbindung von Raum, Ort, Weg und Zeit zu einer umschrittenen Mitte.

Nicht der Tanz der Einzelnen oder der Paare, sondern der Kreistanz, der der Welt eine Mitte gibt, der einen schützenden Ring schafft, innerhalb dessen die Welt anders ist. Einen Raum, in dem die Welt eine Orientierung findet nach den vier Himmelsrichtungen und in dem ein Mensch sich bewegen kann in der Zuversicht, sein Gehen habe einer bestimmten Weisung zu folgen, die anderswoher ergeht als von den beteiligten Menschen.

Wir entdecken heute für den Gottesdienst die frühen Kulttänze wieder, die Prozessionsformen, die Pilgertänze, die alten Gruppentänze. Wir entdecken die Symbolik und die Sinn erschließenden Bilder, die in den Bewegungen des Tanzes zum Ausdruck kommen. Die Segensgebärden, die Raumformen, die Kreise, die Spiralen, die Reihen, die Schlangenformen und die Labyrinthe, und in all dem das getanzte Gebet. Wir entdecken eine Zeit, die sich nicht an der Uhr misst, sondern an den Bewegungen von Körpern, am lebendigen Schrittmaß, an Begegnungen und Aussagen. Wir entdecken den Sinn der Wiederholungen, die jedoch nie mechanisch gleich sind. Wir entdecken das Ineinander von Mitte und Peripherie. Wir entdecken über die verkopften Theologien hinaus den lebendigen, heilenden Zusammenhang von Leib und Wille, von Seele und Geist. Wir erfahren Nähe und Distanz, die Aufwärts- und die Abwärtsbewegung zwischen Himmel und Erde. Wir entdecken dabei vielleicht auch den Sinn einer gesammelten Wachheit, die anders ist als das Hören einer Rede. Im Tanz ist vor allem zu entdecken, was es meint, wenn wir sagen: Nicht eigentlich ich denke, es denkt in mir. Nicht eigentlich ich glaube, es glaubt in mir. Nicht eigentlich ich leide, es leidet in mir. Es ist ein immer neuer Schritt über die enge Grenze unseres Ichs hinaus. »Es« tanzt. Und ich lasse mich tanzen.

Der Dialog zwischen einer sprachfähigen Welt und der Sprachfähigkeit in uns selbst kann auch die Gestalt des Spiels annehmen. Es ist ja ein tief in der Geschichte des christlichen Glaubens verwurzelter Irrtum, zu meinen, alles, was ein Mensch tue, müsse sich mit ethischen Maßstäben messen lassen. Alles sei entweder gut oder böse. Nein, vieles ist nur angemessen oder unangemessen, nur schön oder hässlich, nur stark oder schwach, lebendig oder verschlafen. In diesem weiten Feld nicht-ethischer Gesichtspunkte ist auch das Spiel angesiedelt oder die Kunst. Seine Mittel sind Gebärden, Bewegungen, Handlungen, Gewänder, Bilder, gespielte Szenen, Chöre oder Instrumente. Es ist schön, dass es heute in vielen Gemeinden lebendige Versuche dieser Art gibt.

Das Spiel tut uns not. Das dramatische, das kämpferische, das stille, das dankbare. Wenn es festlich geschieht, kann in ihm die Hoffnung wachsen, es möge etwas wie Sinn und Ordnung, Regel und Freiheit sich im Leben und in der Welt offenbaren. Und wo sollte ein Fest als gemeinsames Erinnern, Ausblicken, Spielen, Tanzen, Essen und Trinken in Fülle und Frieden gefeiert werden können, wenn nicht unter Christen, die etwas wissen vom Ganzen der Welt? Das Fest ist nichts anderes als das Spiel des Heiligen mit uns Menschen.

Was wir für unsere Gottesdienste wieder finden müssen, sind die Spielführer, die Tanzmeister, die Spiele erfinden, inszenieren, und die die Anderen in ihre Spiele einbeziehen. Wir müssen immer mehr lernen, was zwischen Gott und uns geschehen ist und geschieht, im Spiel zu feiern, wenn irgendetwas von der christlichen Festüberlieferung in unserer heutigen Zeit übrig bleiben soll.

Die alten Räume der Kirchen sind von jeher Orte des Musizierens und des Singens gewesen. Im Fest, im Tanz und im Spiel werden Raum und Ort und Weg, das Wort und die Zeit, das Hören und das Musizieren eins. Und die Welt, Gottes Schöpfung, fügt sich um unser Dasein her und zeigt uns ein wenig von seinem Sinn.

So ist es der Sinn eines Gottesdienstes nicht nur, dass Menschen belehrt werden sollen, aufgeklärt, in Bewegung gesetzt zu irgendeinem richtigen Tun, sein Sinn ist zunächst das heilige Spiel. Sein Sinn ist zuerst, dass wir nichts tun, sondern einfach gesammelt anwesend sind. Dass wir uns in gelassener Heiterkeit in das Spiel vor Gott einfügen ebenso wie in das strenge Reglement, ohne das kein Spiel geschehen kann. Es ist der Sinn der Schönheit einer Liturgie, der Schönheit der Sprache oder der Gesten. Was ist denn schön? Schön ist etwas, das wahr ist so, wie es ist. Und was ist wahr? Wahr ist in der Sprache des Neuen Testaments etwas, das durchlässig ist für das Wort, das im Urbeginn laut wurde. So auch kommt es zu dem schönen Gedanken von der himmlischen Musik, der sagt, es werde am Ende alles in der zweckfreien Anbetung und im Einklang aller Dinge vollendet werden.

Sehen wir aber die Wirklichkeit dieser Erde mit wachen Sinnen, so bedürfen wir einer heilenden Erfahrung davon, wie die Welt ihre Widersprüche hinter sich lässt und zur Vollendung kommt.

Leid ertragen

Es ist im Grunde selbstverständlich: Die Mitte der Nacht ist der Anfang des Tages. Nach unserem Kalender und unserem Empfinden für den Rhythmus der Zeit beginnt der Tag, solange Tage und Nächte auf dieser Erde einander folgen, um Mitternacht.

Aber es liegt mehr in diesem einfachen Wort. Der alte Hymnus, aus dem es stammt, lautet: Die Mitte der Nacht ist der Anfang des Tages, die Mitte der Not ist der Anfang des Lichts. Wenn es also sagen will, die Mitte unseres Leidens sei der Anfang unserer Heilung oder unserer Befreiung, dann gehört ein kühner Glaube dazu, es auszusprechen.

Es meint also, die Nacht unserer Angst sei der Anfang des Vertrauens. Die Mitte unserer Schwermut sei der Anfang des Mutes und der Lebensfreude. Die Mitte unserer Schwäche sei der Anfang der Kraft. Die Mitte unserer Schmerzen sei der Anfang unserer Dankbarkeit dafür, dass sie enden. Die Mitte unserer Krankheit sei der Anfang eines neuen Wissens und einer neuen Feinfühligkeit. Es will sagen: Alles Schwere, das dich trifft, will dich weiterführen in ein Leben mit mehr Klarheit und Einsicht, in mehr Hingabefähigkeit. In allem, das dir wie ein Ende erscheint, liegt ein neuer Anfang. In allem Zweifel an Gottes Güte und Gerechtigkeit kommt dir Gott auf eine neue Weise näher. Und es will zuletzt noch sagen: Die tiefe Nacht, die sich um Gott legen kann, den rätselhaften und dunklen Gott, ist der Anfang einer neuen und tieferen Erkenntnis. Aber so kann wohl nur der sprechen, der es erfahren hat und der dabei gelernt hat, in die Dunkelheit und ins Unbekannte hineinzugehen wie in einen hellen Tag.

Die entscheidenden Punkte, an denen unserem Verstand ein Licht aufgehen kann, sind immer noch die dunklen Fragen nach dem Sinn menschlichen Leidens und nach dem Gott, der es verhängt. Wer mit Vertrauen und Zuversicht alt werden will, muss sich einmal – oder besser: muss sich oft und bis an den Rand, an dem der Glaube in einen Abgrund stürzt – gefragt haben, woher er komme und wohin er am Ende gehe, oder wie er von der Schuld und dem Versagen seiner Lebensgeschichte frei werde, was es mit der seltsamen Zumutung auf sich habe, dass er leben solle, oder was er mit dem Abnehmen und dem Sterben und mit der Hoffnung der Christen anfangen solle.

Er wird dabei merken, dass der Verstand allein die Antwort nicht finden wird. Es geht nicht ums Einmaleins, sondern ums Leben. Und es müssen Erfahrungen gemacht werden, wenn Verstand und Herz etwas begreifen wollen. Die Antworten, die man am Ende findet, müssen nicht nur durchdacht, sondern vor allem durchlebt werden. Und alles, was darin allzu einfach ist, wird uns nichts helfen.

Seit mehr als tausend Jahren hat man den Lebensweg des Menschen im Lebensweg von Jesus Christus, besonders aber im so genannten »Kreuzweg« vorgebildet gesehen. Er ging diesen Weg durch Angst, Schmerzen und Tod, und er ging ihn uns voraus, denen er wie allen Menschen bestimmt ist. Wir begegnen also, indem wir uns seinen Weg vor Augen stellen, unserem eigenen Geschick und erfahren dabei, wie unser eigener Weg Richtung und Sinn gewinnt. Und es ist gut, wenn Sie solche Bilder betrachten, solange Sie die Kraft dazu haben, damit sie noch vor Ihrer Seele stehen, wenn Sie nicht mehr nachdenken können oder wollen.

Die wichtigsten Fragen, die wir stellen können, lassen sich am schwersten lösen. Niemand hat bisher die Antwort gefunden auf die Frage nach dem Sinn des Lebens. Aber wir können einen Glauben finden, der so ist, dass wir unsere bohrenden und quälenden Fragen aus der Hand legen können. Er gibt zwar keinen Bescheid, aber er bringt den Frieden, und der Friede ist mehr als alles Wissen über die Rätsel und Geheimnisse der Welt. Und er bringt am Ende das Vertrauen, dass in der Mitte auch der dunkelsten Nacht ein lichter Tag beginnt, der Tag Gottes, an dem wir in ein neues Leben aufstehen, hier noch auf unserer Erde und am Ende, wenn wir in einer anderen Welt wiedererwachen.

Krank sein

Ein Mensch, der einer Krankheit wehrlos ausgeliefert ist und keine Hoffnung hat, sie aus eigener Kraft oder durch die Hilfe anderer Menschen zu überwinden, wird vielleicht um ein Wunder bitten, es erwarten, es erhoffen. Wer um das Wunder nicht bitten mag, weil er meint, es gebe keine Wunder, zweifelt im Grunde am Sinn des Bittens überhaupt. Wenn er sein Recht, Gott um etwas zu bitten, ernst nimmt, dann kann sein Gebet zur Forderung werden: Du musst ein Wunder tun! Ohne ein Wunder von dir ist alles zu Ende! Mit »Wunder« ist ein Geschehen gemeint, das sich nicht erklären, sondern nur aus der Freiheit Gottes herleiten lässt. Wer von der Freiheit des Menschen etwas hält, das heißt von seiner schöpferischen Kraft, von seiner Fähigkeit, etwas zu tun, was nicht zu sein brauchte, der wird unmöglich leugnen können, dass Gott Dinge tun kann, ohne dass er durch das Gesetz von Grund und Folge dazu gezwungen wäre. Wer mit Gott spricht, wird ihn darum auch bitten, er möge in seiner Freiheit das Erlösende tun. Um Genesung bitten heißt, an Wunder glauben. Man kann das nicht trennen.

Warum lässt Gott Leid zu?

Die leidenschaftliche, verzweifelte, anklagende oder fassungslose Frage, warum es denn in dieser Welt so viel Unrecht gebe, warum Gott sich nicht durchsetze oder wenigstens deutlicher bemerkbar mache und warum ihm an Gerechtigkeit so wenig gelegen sei, ist nicht einfach ein Zeichen für die Unbotmäßigkeit dessen, der so fragt, sondern zunächst ganz einfach ein Echo auf all das Böse, Törichte und Entwürdigende, das ohne sichtbaren Sinn tatsächlich geschieht. Im Gegenteil: Das Leiden an Gott ist vom Leben des Glaubens überhaupt nicht zu trennen. Man kennt alle die Berichte von Wundern, die Gott getan habe. Man bekennt sich zu diesem Gott, der fähig ist, Wunder zu tun. Aber dann ist Gott auch wieder anders, ganz anders als alles, was man über ihn gelernt und von ihm bekannt hat. Wer Christus nachfolgt, wird auf diesem Wege Gott nicht »verstehen«, sondern umso mehr an ihm zu leiden haben.

Freilich, dass die Frage an Gott ihr Recht hat, ändert nichts an der Tatsache, dass sie in eine Sackgasse führt, dass sie keine Antwort erwarten darf. Wer die Frage nicht zurücknimmt, kommt über das Fragen nicht hinaus. Auch Christus gibt keine wirkliche Antwort. Er spricht davon, im letzten Gericht werde Gerechtigkeit geschaffen, aber der Frager sucht Gerechtigkeit auf dieser Erde. Christus spricht vom Reich Gottes, aber der Frager meint das Leben auf dieser Erde. Christus sagt lediglich: »Ich bin der Weg. Ich bin die Wahrheit. Ich bin das Leben.« Das heißt: Ich selbst, mein Weg, mein Wort, mein Werk, mein Leiden und mein Tod sind die Antwort. Wer an sich geschehen lässt, was geschieht, wie ich, wer von sich wegsieht auf mich, wird seinen Weg finden. Er wird vertrauen und seine Frage zurückstellen, bis er die Antwort – schaut.

Aber die Fragen, die wir in die Nacht hineinrufen, bleiben unbeantwortet. Und die Hände sind uns gebunden. Vielleicht durch eine Krankheit. Vielleicht durch die Schwäche des Alters. Unsere Tat wird uns nicht freimachen können. Es gibt nur den vorgezeichneten Weg durch die Nacht in der Hoffnung, dass in der Mitte dieser Nacht der Anfang eines Tages liegen wird.

Aushalten

Es gibt wirklich Zeiten in unserem Leben, in denen es wichtiger ist, geduldig zu sein als tüchtig, in denen es besser ist, Schmerzen gewachsen zu sein als zu arbeiten, nötiger, sich in andere zu fügen als zu befehlen, die Einsamkeit einer Nacht auszuhalten als am Tage mitzureden. Wir müssen wohl, solange wir gesund sind und nichts uns drückt, gelernt haben, Stille und Einsamkeit auszuhalten, uns aus unserem erfolgreichen Tag ins Schweigen zurückzuziehen und danach das Leid mitzutragen, das anderen auferlegt ist. Wir müssten für andere ein Engel geworden sein, der sie besuchte, damit wir am Ende die Stimmen von Engeln zu hören und von anderen Stimmen zu unterscheiden gelernt haben, und damit wir verstehen können, was sie uns sagen.

Wir müssen wohl wach geworden sein für das leise Wort, das uns erreichen will. Durch einen Engel oder durch einen anderen Menschen oder durch eine Stimme, die nur das Herz hört. Denn unser Herz wird weit werden dadurch, dass eine quälende Frage eine gute und klare Antwort gefunden hat. Dadurch, dass uns statt eines ängstlichen Bildes ein tröstliches vor der Seele steht und wir sagen können: Ja, das ist es! Das ist die Ankündigung des neuen Tages, des Tages der Auferstehung, von dem der Engel spricht.

Mitleiden

Was wir sehen, sehen wir mit Anteilnahme. Mitleidend. Leiden mit übernehmend. Am Unglück teilnehmend. Von Jesus wird immer wieder gesagt: »Als er die Menschen sah, jammerte ihn.« Was ist das doch für ein schönes Wort! »Es jammerte ihn.« Was er sah, bereitete ihm Elend, Schmerzen, Jammer. Wenn du siehst, was unter Tieren gelitten wird, so wird dich das Elend der Kreatur erfüllen. Wenn du siehst, was Menschen einander antun, was sie leiden und wie sie leiden machen, wenn du ihre Ängste, Schmerzen, Entbehrungen, ihre Gewalttätigkeit und ihren Hass siehst, dann wird dich das alles mitergreifen, und du wirst dabei mehr sehen, als du mit den bloßen Augen wahrnimmst. Auch das Herz hat sein Sehvermögen. Mit-leiden ist ein Blick durch Wände, durch Fassaden, durch beherrschte Gesichter. Und es bedeutet, dass dein eigener innerer Mensch reicher wird durch das Leid, das ein anderer in dich hinübergibt, und fähiger, in den Hintergrund der Dinge zu schauen.

Vom Umgang mit dem Bösen

Das zentrale Problem unseres Umgangs sowohl mit dem Übel als auch mit dem Bösen ist dies, dass beides seine Ursache immer wieder in uns selbst hat. Es ist ja leicht, für Gerechtigkeit zu demonstrieren, aber unendlich schwer, es auf eine gerechte Weise zu tun. Es ist leicht, für den Frieden auf die Straße zu gehen, aber unendlich schwer, es ohne den Hass zu tun, aus dem die Kriege zu kommen pflegen. Es ist leicht, die Wahrheit auf seine

Fahne zu schreiben, und sehr schwer, mit seinen Kampfrufen bei der Wahrheit zu bleiben. Denn wir haben nie nur Feinde vor uns, auch wenn unser Kampf sich gegen das Böse richtet. Der Feind vor uns weckt immer auch den Feind in uns selbst.

»Erlöse uns von dem Bösen«, sagen wir. Am Anfang dieser Bitte steht die Einsicht, wie ausbruchsicher das Gefängnis ist, das uns festhält. Wir möchten glauben und leben doch, als gebe es keine Wahrheit. Wir möchten lieben und leben doch fast nur für uns selbst. Wir möchten der Wahrheit dienen und bemühen uns doch ständig, gegen alle Wahrheit selbst als wahr zu erscheinen. Aus unserer Bitte wird darum mehr als eine Bitte, es wird ein Notschrei aus ihr: Erlöse uns von uns selbst! Wir möchten uns aufrichten und die werden, die du in uns siehst. Reiße uns los von unserem schrecklichen Kleben an uns selbst und mach uns frei! Jetzt! Und danach bei unserem Schritt in die größere Welt deines Reiches!

Heile uns zuerst von unserer Blindheit uns selbst gegenüber. Wir sind in das, was wir das Böse nennen, viel heilloser verstrickt, als wir immer meinen. Reiße uns also, sagt die siebte Bitte, heraus aus dem Sumpf unserer Unklarheiten. Da uns aber jeder Kampf gegen das Böse in die Illusion verstrickt, wir stünden auf der Seite des Guten oder wir seien selbst die Guten, sagt Jesus: »Gib deinen Kampf auf!« Auch der Hass gegen das Böse ist Hass. Sage, was zu sagen ist, im Namen der Wahrheit, aber sage es auch dir selbst. Tu dich selbst mit dem Gegner zusammen, sodass ihr miteinander schreien könnt: Erlöse uns von dem Bösen in uns und von dem Bösen, das durch unsere Hände geschieht! Wenn wir glauben, dass Gott uns erlösen kann, wenn er will, ist kein Kampf

gegen das Böse mehr sinnvoll. Kein Kampf gegen irgendwelche Mächte dieser Welt. Sondern nur ein festes Stehen auf den eigenen Füßen und ein klares Sagen, was
wahr ist. Es ist auch der Kirche kein Kampf gegen das
Böse aufgetragen, sondern nur, in aller Wehrlosigkeit das
Ihre auszusprechen.

Das erlösende Wort hat Jesus selbst gesagt: Als sein
Tod seine Freunde in die Ratlosigkeit und Verzweiflung
stieß, da sagte er ihnen: »In der Welt habt ihr Angst. Aber
fasst Mut! Ich habe die Welt überwunden!« Was er mit
»Welt« meint, das ist die Verknotung von Dingen und Ereignissen, von Ursachen und Folgen, aus der weder mit
Gesinnungen noch mit Taten herauszukommen ist. Diese
Welt hat er überwunden, sagt er, und wir sehen: Der Weg
zu ihrer Überwindung führt über die zwei Grundwerte,
die wir bei ihm ausgemacht haben: die liebende Nähe zu
denen, die in diese Welt gebunden sind, und die Abwärtsbewegung, die wir Demut nennen, oder den Verzicht auf
Rang und Status, also über die Verletzlichkeit des Liebenden. Hier entsteht ein neues Gewebe mitten im Geflecht
des Bösen, ein schützendes, in dem zu leben möglich
ist, in dem sich der Mut derer aufrichten kann, die mit
Jesus seinen Weg gehen. In diesem Gewebe aus Liebe
und Demut entsteht in uns der neue Mensch, an den wir
glauben sollen. Nicht der edle Mensch, der »hilfreich und
gut« zu sein beansprucht, sondern der Mensch, der fähig
ist, das Geflecht des Bösen behutsam aufzulösen. Der
Mensch, der vorauslebt über dieses kleine Leben hinaus
in die neue Welt, in der sehr verletzlichen Hoffnung, Gott
werde uns nach unserem Schritt über die Schwelle zum
Leben umschaffen in die Gestalt wirklicher Menschen.
Wir geben uns also mit unserem Ruf »Erlöse uns von

dem Bösen« auf eine äußerste Weise dem anheim, was Gott mit uns und seiner Welt vorhat.

Das Lebewohl einüben

Manche Mönche haben die Sitte, einander täglich und bei jeder Begegnung zuzusprechen: Memento mori! Bedenke, dass du sterben musst! Das ist kein Masochismus, sondern eine sehr weise Sitte. Du würdest bemerken, wie sich alles dabei ändert, auch der Sinn der kleinsten Hantierung. Es wird leichter.

Ich hatte den absurden Vorzug, in meinen jungen Jahren zu lernen, was Sterben ist. In einem blutigen Krieg. Ich wünsche dir diese Erfahrung nicht; aber es macht mir zu schaffen, wenn ich feststelle, was Jüngeren heute fehlt, die eine solche Erfahrung nicht gemacht haben. Wir hatten an dem besonderen Ort, an den uns der Krieg stellte, damals eine Lebenserwartung von vier, höchstens acht Wochen. Wir waren alle Weggehende, meine Kameraden und ich. Und das, dieses Weggehen, hat mich ein Leben lang wie etwas ganz Selbstverständliches begleitet.

Wenn du diesen Gedanken ernsthaft in dich einlässt, wirst du bemerken, dass sich etwas in dir wehrt: das, was »Ich« zu dir sagt. Dieses ängstliche, verzweifelte, selbstsüchtige, aggressive Gemisch aus physischen und psychischen Abläufen, das beharren möchte, das bleiben möchte, wie es ist, und das dabei immerfort gegen das, was wirklich ist, im Kampf liegt. Aber übe deinem eigenen Beharrungswunsch gegenüber eben das ein: Deine Wanderung wird vor einer Art Abgrund enden. Über den Abgrund wird eine Brücke führen, eine Brücke über eine

Schlucht oder über einen Strom. Ich stehe in Gedanken oft auf ihr und schaue hinunter in das Wunder einer wegfließenden Zeit, eines wegfließenden Lebens, das davonschwimmt wie der abgerissene Ast eines Baums. Und dann richte ich mich auf und sehe hinüber ans andere Ufer. Einige Freunde stehen schon drüben und warten, bis ich komme.

Meine Frau und ich gehen immer wieder gerne über Friedhöfe. Auch in irgendeiner fremden Stadt. Und wir lieben besonders die alten, in denen das Gras über die Gräber wächst und die Namen anfangen, unleserlich zu werden. Da ist alles versammelt, was erlitten worden ist. Alles, was Menschen füreinander aufgebracht haben an Hingabe und Geduld. Auch alles, was die erfahren haben, die ihren Weg allein gehen mussten. Da gilt kein Rang mehr und kein Titel, und alles, was an Lobreden ertönt war, ist merkwürdig wesenlos. Da war Liebe in einem Leben, oder es war vertan. Da hat man geliebt, oder es ist alles sinnlos gewesen. Wer dem Sinn seines Lebens auf die Spur kommen will, wandere über Friedhöfe.

Was bringst du denn ein, wenn du an dein Ziel kommst? Deine Arbeit hat ihren Lohn gebracht, den sie auf dieser Erde bringen konnte. Aber ich rede nicht von Lohn, sondern von Ernte. Ernte wird nicht gemacht. Sie wächst, sie gedeiht. Sie reift, sie wird eingebracht. Deine Ernte wird sein, was aus dir selbst geworden ist in der langen Zeit. Nur dich selbst wirst du am Ende einbringen – und das, was dir aus Gott zugewachsen ist: der veränderte Mensch.

Denke also dem nach, wie du es erreichen kannst, nichts mehr zu wollen und dabei alles Notwendige zu tun. Wie du die Zeit findest für das, was dein Leben übergreift und überdauert. Und wie du sein willst, wenn du weggehst.

Und wenn du fragst, was denn im Tod aus dir werde – ich kann nur sagen, was ich glaube. Es wird viel von dir abfallen. Und es wird dir viel neu zuwachsen. Aber du wirst wieder ein Wesen sein, das fähig ist zur Erfahrung, zum Leiden, zum Lieben und Glücklichsein. Ein Wesen, das einen neuen Auftrag hat im großen Zusammenhang des Gottesreichs. Du wirst zu Hause sein in einer anderen Welt. Du wirst in neuen Zusammenhängen leben, auch in neuen Gemeinschaften. Wie das aussieht, kann ich nicht wissen. Aber für mich ist der Tod eine Tür in einer dünnen Wand, und auf der anderen Seite der Tür wird mir das Licht eines neuen Daseins entgegenkommen.

Ich könnte es auch anders sagen: Ich werde hören, wie mein Leben in einem fernen und feinen Ton und in der Stille ausklingt, in jener Stille, aus der sich die reine Musik jener größeren Welt, der ewigen Wirklichkeit, erhebt.

Und wenn du nach dem Sinn fragst, den unser seltsames Leben haben mag: Ich kenne ihn nicht. Vielleicht werde ich ihn einmal wissen. Aber ich denke, du und ich, wir werden ihm am nächsten kommen, wenn wir lieben und wenn wir uns und unsere Suche nach Erklärungen nicht gar so wichtig nehmen.

Abschiedlich leben

Das Wasser ist das Element, das uns den Tod vor Augen stellt. Aber wer getauft wird, wird auch aus dem Wasser wieder heraufgehoben. Das Wasser ist ihm nur für einen kurzen Augenblick der ihm zugewiesene Ort des Todes. Er wird – zwar nicht durch seine eigene Kraft, sondern durch den Geist Gottes, der über dem Wasser schwebt – aus dem Wasser auferstehen. Er wird ans andere Ufer treten, wo ein neues Leben ihn empfängt. Und so sagen wir ja bis heute, wie unsere Voreltern es gesagt haben: »Wir heben ein Kind aus der Taufe.« Das Herausheben ist das Entscheidende. Wir spielen an ihm voraus, was ihm widerfahren wird: die Auferstehung. Wir sehen alles, was es tun und erleben wird, im Licht dieses letzten Geheimnisses. Die alten Taufbecken, in die man die Kinder ganz eintauchte, gaben diesem Gedanken deutlicheren Ausdruck. Halbkugelig, wie die untere Hälfte der Welt, gefüllt mit dem Element des Todes, dem Wasser, standen sie in den Kirchen, und das Kind wurde in den Tod getaucht und danach «aus der Taufe gehoben», zum Zeichen der Auferstehung. Und so erzählt das Bild von der Taufe, die Jesus an sich geschehen ließ, von seinem und unserem Tod, der in eine neue Lebendigkeit mündet, in ein neues, anderes Sein voll Kraft und voll neuer Aufträge. Es erzählt, wie Jesus das Schicksal eines Menschen erlitten habe, um den Menschen zu zeigen, wohin ihr Schicksal ziele: ins Leben.

Das alles bedeutet: Wenn Sie das Leben so ansehen, als würden Sie nie sterben, oder den Tod so, als folge ihm kein Leben, so werden Sie weder das eine noch das andere bestehen. Wer sich rechtzeitig ins Sterben einübt, wird am meisten Klarheit gewinnen über das Leben und darüber, wie es zu bestehen sei. Wer sich in den Gedanken einlebt, dass er Leben vor sich hat, auch wenn er stirbt, wird seinen Tod am leichtesten bejahen können. Er wird auch den letzten Schritt ohne Panik gehen. Und er wird sein Leben so gestalten, dass sein Ende nicht als Katastrophe empfunden werden muss.

Vielleicht finden Sie dabei die eine oder andere Regel:

- Mit der Zeit umgehen lernen, Tage, Stunden und Augenblicke ausschöpfen und so sich mit den Grenzen der Zeit befreunden.

- Jedem Tag sein eigenes Recht geben, dem Spiel, dem Gespräch, den Plänen, dem Werk, der Fröhlichkeit, dem Nachdenken und dem Schlaf seine eigene Schönheit und Schwere lassen und so auch den letzten Tag mit Vertrauen durchleben.

- Nach Möglichkeit nichts tun, dessen Wiederholung man nicht wünschen könnte.

- Allabendlich jeden Streit beenden, ehe die Sonne untergeht, und nichts Ungeordnetes durch die Tage und Wochen schleppen. Denn man holt, was man in Jahren versäumt hat, nicht in Stunden auf.

- Anderen ihre Schuld vergeben und Vergebung für die eigene Schuld erbitten und dies so, dass es nichts Ungewöhnliches, sondern etwas Tägliches ist. Darauf vertrauen, dass man Vergebung empfangen hat, von Gott und den Menschen, und dafür danken.

- Jede besonders hohe Meinung über das eigene Leben, das eigene Wesen, das eigene Werk abbauen, Stück um Stück. So lange abbauen, bis kein Mensch mehr denkbar ist, auf den man herabsehen könnte.

Wenig von aller Leistung halten und lächeln über den Stolz, der nicht loslassen will.

- Alles Vergleichen mit anderen aufgeben. Was verglichen werden kann, ist weder den Eifer noch die Angst wert. Dass man nicht schlechter sei als die anderen, ist der Rede nicht wert.
- Dinge, Geld und Einfluss immer gelassener weggeben. Am Ende wird an ihnen nur dies noch wichtig sein, ob wir sie weggeben konnten.
- Von einem Rückblick zum andern mit weniger Wehmut, mit mehr Genauigkeit und mehr Dankbarkeit zurücksehen. Jeden Tag, jede Woche, jedes Jahr im Rückblick prüfen. Man muss geübt sein, das zu tun, wenn man in seiner letzten Stunde gezwungen ist, zurückzusehen und zusammenzuzählen. Man kann es nicht von selbst, sowenig wie eine Fremdsprache, die man zum ersten Mal buchstabiert.

Älter werden
– und damit leben lernen

Es ist eine Binsenweisheit: Deine Kräfte haben Grenzen. Deine Gesundheit hat sie. Deine Lebenszeit. Deine seelische Tragfähigkeit auch. Du alterst. Das ist keine Sache, die du als unwichtig ansehen kannst, ehe du die sechzig erreicht hast. Nein: Dass du alterst, beginnt mit deiner Geburt. Nie mehr wirst du so mühelos lernen wie als Kind. Ein Leichtathlet wird mit dreißig feststellen, dass die Zwanzigjährigen schneller sind. Und ein Fünfzigjähriger wird vielleicht sehen, dass es Fünfunddreißigjährige gibt, die ihm in seinem Fach oder Beruf überlegen sind. Das Altern begleitet uns durch unser ganzes Leben, und es kommt darauf an, sich mit diesem merkwürdigen Grundgesetz des Schwächerwerdens und des Abnehmens einverstanden zu erklären.

Ein anderes Grundgesetz hängt mit diesem ersten zusammen: die Tatsache, die besagt, du werdest irgendwann, vielleicht bald, vielleicht später, auf dieser Erde nicht mehr anzutreffen sein. Der Tod ist gegenwärtig, solange wir leben, und er begegnet in jeder Altersstufe. Es ist nicht viel damit geleistet, wenn du ihn verdrängst. Beide, das Altern und das Sterben, sind elementare Aufgaben für deinen inneren Weg, und das in jeder Altersstufe. Mit beiden wirst du Frieden schließen müssen. Du lebst auf Abruf. Lebe also so, dass du zustimmen kannst, wenn deine Kräfte abnehmen und wenn du den Abruf hörst.

Was ich dazu beitragen kann, sind ein paar einfache Ratschläge.

Es kommt auf das Gewichten an. Was ist wichtig? Was ist es nicht? Es werden zum Beispiel Tage für dich kommen, an denen es wichtiger ist, geduldig zu sein als tüchtig. An denen es nützlicher ist, Schmerzen ertragen zu können als erfolgreich zu wirken. An denen es nötiger ist, sich fügen zu können als zu befehlen; sinnvoller, Einsamkeit bestehen zu können als mitzureden. Du wirst auf anderen Gebieten geübt sein müssen als auf denen, die dir gewohnt sind. Versuche also zu allem, was du in deinen jungen und tüchtigen Jahren tust, immer auch die andere, die scheinbar unnötige Seite einzuüben. Das, was du scheinbar noch nicht brauchst: Bescheidung. Verzichten. Dich zurücknehmen. Den Blick von dem wegwenden, was der gegenwärtige Augenblick anbietet, und hinüberschauen in die Zeit nach alledem. Das muss kein Zeichen von Resignation sein. Es ist vernünftig. Es ist realistisch.

Du bist gewöhnt, was dein Leben betrifft, selbst zu entscheiden und selbst zu handeln. Mach dir klar, dass genau dies einer der Irrtümer unserer Zeit ist. Niemand entscheidet selbst. Niemand handelt allein. Was wir entscheiden, ist uns von allen Seiten vorgezeichnet. Was wir sind, sind wir durch unzählige fremde Bedingungen und durch unzählige andere Menschen. Was wir tun, können wir tun, weil die anderen mit uns auf dieser Erde handeln, leiden oder wirken. Dies zu sehen ist nötig. Du weißt nicht, wie lange es dauern wird, bis du um jedes Glas Wasser bitten musst und bis du dankbar bist, wenn eine fremde Hand dich wäscht. Mach dir täglich deine Abhängigkeit von allem, was dich umgibt, von Dingen und Menschen, klar. Und übe die Dankbarkeit dafür ein, dass sie alle dir dein Leben und Entscheiden ermöglichen.

Lass den anderen ihren Lebensraum. Deine Kinder werden eines Tages erwachsene Menschen sein. Gewöhne dir ab, ihnen Vorschriften zu machen, sie führen zu wollen, sie deine Sorgen, die du dir um sie machst, spüren zu lassen. Sie brauchen deine Führung nicht; sie brauchen einen freundschaftlich zugewandten Partner. Und die anderen? Sie sind nicht deine Konkurrenten, die du ausschalten musst, sie sind nicht Feinde, die du bekämpfen musst. Du hast sie nicht, um sie auszubeuten. Lerne das Gönnen. Dem einen sein Geld, dem Zweiten seinen Erfolg, dem Dritten seine Gesundheit, dem Vierten sein jugendliches Selbstbewusstsein. Und lerne das alles loszulassen, ehe du merkst, dass du ohnedies nichts festhalten kannst.

Übe dich darin, in deiner Liebe verlässlich zu sein. Denn das wird am Ende noch die letzte Quelle des Glücks sein: ein Mensch, der dir verlässlich bleibt und dem du zuverlässig liebend zugewandt bist. Liebe also, und scheue dich nicht, zärtlich zu sein und nah. Auch ein alter Mensch, auch ein kranker, auch ein behinderter, auch ein leidender braucht die Nähe eines Menschen und eine spürbare Hand und braucht sich dessen nicht zu schämen.

Du kannst allmählich dahin kommen, dass du freundlich und gelassen deine Ansprüche an dein eigenes Können abbaust. Neulich traf ich eine alte Dame, die mit einem weisen und nachsichtigen Lächeln feststellte: »Es macht nichts, dass ich mir nichts mehr merken kann. Dafür vergesse ich umso mehr.« Eine andere alte Dame meinte: »Jetzt weiß ich, wozu man pensioniert wird, damit man Zeit hat, seine Brille zu suchen.« Solche Weisheit und Gelassenheit findet man nicht plötzlich, wenn man alt ist. Sie wollen ein Leben lang gesucht und eingeübt sein.

Das gilt auch und vor allem Gott gegenüber. Eines Tages werden deine Gedanken damit beschäftigt sein nachzufragen, was denn gewesen sei. Du wirst dich fragen: Wie eigentlich bin ich mit diesem vergangenen Leben zurechtgekommen? Kann ich mit dem, was war, bestehen? Du kannst dann vor der Tatsache stehen, die du eigentlich immer gewusst hast: dass du trotz aller Bemühung, dich zu ändern, der bleibst oder die, die du immer gewesen bist. Du hast es vielleicht immer gewusst, aber es war dir nicht so wichtig: dass Gott mit dir einverstanden ist, weil er dich liebt, und nicht, weil du so liebenswert bist. Wenn dir das immer deutlicher wird, dann kannst du deine Leistungen, deine Opfer, deine Qualitäten stehen, fallen oder liegen lassen, und deine späteren Jahre werden erfüllt sein können und sinnvoll und müssen nicht ohne Glück und Fröhlichkeit verlaufen. Aber du musst dich in diese Gedanken eingeübt haben in den Jahren, in denen sie dir unwichtig erschienen sind.

Und so geschieht vielleicht doch etwas, das dich unmerklich ändert. Wenn du es feststellst, wird dein erstes Gefühl das einer großen Dankbarkeit sein. Du wirst merken, dass dazu nicht nur die Hilfe von Menschen nötig war, sondern auch die Hilfe von allerlei unbekannten Mächten und vor allem die Hilfe Gottes selbst.

Zurückschauen auf das Leben

Ich erinnere mich. Ich blicke auf eine mehr oder minder lange Folge von Jahren zurück und frage mich, welchen Wert dies alles hatte. Das ist gut und ernüchternd. Gefährlich allerdings ist die Frage, die ich anschließe: Welchen Wert ich demnach selbst haben müsse. Denn diese zweite Frage bedeutet, dass ich nicht eigentlich zurückblicke, sondern mich selbst ins Auge fasse, dass ich mich in ein Karussell setze, das um meine eigene Person kreist und das mir, wenn es nur lange genug in Bewegung ist, auf alle Fälle die Sinne verwirrt.

Die Selbstkontrolle, die ans Licht fördert, was ich zuwege gebracht habe, was mir misslungen, was von meiner Mühe übrig geblieben ist, ist gut. Aber bei eben dieser Bemühung, sich selbst ins Auge zu fassen, wuchern die Selbsttäuschungen. Die Mogeleien schleichen sich ein. Irgendetwas muss doch übrig geblieben sein? Also bleibt etwas übrig. Irgendeine Bedeutung muss ich für die Menschen doch wohl gehabt haben? Also hatte ich sie, die Bedeutung. Aber der Sinn, nach dem man sucht, zeigt sich nicht.

Es ist schrecklich, zuzusehen, wie ältere Menschen irgendetwas aus den Leistungen ihres Lebens heraus- kramen und sich daran festhalten, wie sie sich an Wir- kungen trösten, die von ihnen ausgegangen sind. Es ist deshalb schrecklich, weil sich hier, an Unklarheit und Selbstbetrug, ständig Angst und Unsicherheit nähren.

»Habe deinen Weg lieb«, hat einer gesagt, »denn er ist der Weg des Lebens, und ihn schilt nur, wer ihn nicht versteht.« Nimm alles so, wie es geschehen ist, und be- trüge dich nicht selbst. Denn aus diesem Ja zum eigenen Schicksal wächst die Gelassenheit, deren der zurückbli- kende Mensch so sehr bedarf. Aus diesem Ja wächst die Zuversicht, dass Gott meinen »Wert« anders und bes- ser bestimmt, als es mir selbst möglich ist, und dass er andere Maßstäbe dafür hat als mein Wohlverhalten und meine Leistung. Es kann durchaus ein Zeichen für die Übereinstimmung des Willens zwischen Gott und einem Menschen sein, wenn der Mensch fähig ist, im Rückblick auf sein Leben auch sich selbst ein wenig zu lieben, ohne sich etwas vorzumachen.

Vom Leben aufstehen

Die Bibel sieht ein Zeichen des Segens Gottes darin, dass ein Mensch alt werden darf, dass er Kinder und Enkel sieht, dass er weise wird und endlich lebenssatt stirbt, dass er also vom Leben aufsteht wie von einer guten Mahlzeit. Nicht so, dass man das Leben »satt hat«, sondern so, dass man genossen hat, was Gott auf den Tisch stellte, ob es wenig war oder viel, und nun dankt.

Darin liegt die Zuversicht, es lohne sich auch in der größten Mühsal noch immer, zu leben, eine Zuversicht, die uns heutigen Menschen leicht verloren geht. Und es liegt zweitens die Weisheit darin, die Stufen des Lebens zu bejahen, auch das Altwerden und das Abschiednehmen. Uns liegt näher, zu wünschen, es möge doch alles so bleiben, wie es ist, oder aber es möge doch alles bald zu Ende sein. Der Fromme des Alten Testaments wusste sich, solange er lebte, als Tischgenosse Gottes. Der Fromme des Neuen Testaments weiß von einem Tisch, an dem wir wieder Platz nehmen werden, wenn der Tisch dieses Lebens abgegessen ist. Und beide leben aus der Dankbarkeit.

Sterbende begleiten

Einem Sterbenden nahe sein heißt zwar auch noch dies und jenes tun und auf eine stille Art liebevoll da sein; es heißt aber in erster Linie, mit ihm und für ihn beten.

Es wird immer der Verantwortung und dem Feingefühl des Begleitenden anheimgegeben sein, wie weit er dem Sterbenden die Wahrheit sagen will. Ich selbst würde aus

Achtung vor dem Sterbenden bei Klarheit und Wahrheit zu bleiben suchen, auch wenn es den Gepflogenheiten von heute nicht immer entspricht. Ich würde ihm die Wahrheit sagen und ihn nicht betäuben, wenn immer er ein Mensch ist, der auch in seinem Leben die Verwirrung seiner Sinne und die Betäubung seiner Gedanken nicht gewünscht hat. Denn ein Gebet mit dem Sterbenden ist ohne Wahrheit nicht denkbar. Dass wir so häufig vorziehen, ihn im Unklaren zu lassen, bedeutet nicht, dass wir bessere, sondern dass wir schlechtere Helfer und Freunde sind. Dass es uns heute oft so schwer scheint, zu glauben, hängt mit der hohen Kunst der Vernebelung zusammen, die unsere Zeit erreicht hat, denn nichts schadet dem Glauben so sehr wie Betäubung oder das Dämmerlicht einer lebenslangen Unklarheit. Es hilft nichts, den Sterbenden in die Scheinwelt seiner Lebenshoffnungen zurückzuholen. Es geht aber die einzigartige Gelegenheit vorüber, in letzter Stunde zu danken, zu bekennen, zu versöhnen und zu verzeihen. Das Sterben ist ein Stück des Lebens; um dieses letzte Stück Leben soll man niemanden betrügen.

Es scheint mir auch ein Unrecht zu sein, ihn so zu trösten, dass er der alte bleiben kann mit all seinen Selbsttäuschungen und Selbstrechtfertigungen. Was Schuld ist, muss deutlich werden, aber es muss ebenso klar gesagt werden, wer für diese Schuld eintritt. Dem Sterbenden muss die Möglichkeit geboten werden, seine Schuld zu bekennen und in der Wahrheit vor Gott zu treten.

Wer die Wahrheit sagt, übernimmt aber damit die Pflicht, den Sterbenden zu begleiten, bis er die Schwelle überschritten hat, wenn es irgend möglich ist. Einfaches Dableiben ist unendlich viel, durch das einfache Dasein zeigen, dass er nicht verlassen ist, und ihm dann in aller Stille und mit dem Segen des dreieinigen Gottes helfen, still und ohne Angst hinüberzugehen.

Der Toten gedenken

Es gibt eine Verbindung auch zu den Toten. Sie führt nicht über Beschwörungen, nicht über Magie und nicht über Träume, sondern über den lebendigen Gott. Solange wir leben, leben wir aus Gott und auf Gott zu. Nach unserem Tod haben wir unsere Lebendigkeit wieder aus Gott und auf Gott hin. Wenn wir also zu Gott sprechen, haben wir es mit dem zu tun, in dessen Hand auch die Toten sind. Indem wir Gott für das danken, was unsere Toten uns gewesen sind, verbinden wir uns mit ihnen. Indem wir ihm die Liebe bringen, die uns mit unseren Toten verbindet, findet unsere Liebe sie auf dem »Umweg« über Gott. Wir bleiben mit ihnen verbunden dadurch, dass Gott sie und uns kennt und sie und wir von ihm bewahrt bleiben.

So sind wir in aller Stille bei ihnen, nicht mit Angst oder Anklagen, nicht mit ungelösten Fragen und nicht mit verwundetem Gewissen, sondern in Dankbarkeit, dass sie unser gewesen sind. Wir tragen ihnen zu, was uns an Schönem und Gutem widerfährt, und vielleicht hilft uns ihr Gedenken und ihnen unsere Liebe, ohne dass wir wüssten, auf welchem Wege dies geschieht.

WIR GEDENKEN VOR DIR ALLER TOTEN,
aller vergessenen und versunkenen Namen.
Der Toten, die niemand beweint,
der Vermissten, deren Geschick wir nicht wissen,
der Verzweifelten, die sich das Leben nahmen,
und der von Menschen Entehrten und Gemordeten.
Wir wissen sie in deiner Hand und bitten dich:
Bewahre die ärmsten unter deinen Kindern.

Wir danken dir, dass du so nahe bist
und auch die Toten nahe sind in dir.
Niemand stirbt, der in dir ist.
Wir empfangen Leben von dir,
wie auch die Toten aus dir leben.
Das verbindet uns mit ihnen,
dass wir dasselbe Leben haben.

Wir betrachten dein Kreuz, Christus, unser Bruder,
das Zeichen deines Sieges über Hölle und Tod.
In ihm wissen wir aufgehoben
alle Leiden der Leidenden,
alle Schuld der Schuldigen.
Über einer Welt von Gräbern steht es
und vereint sie alle, die Toten und uns.

Deine Gedanken sind nicht unsere Gedanken.
Deine Wege sind nicht unsere Wege.
Wir glauben deinen Gedanken,
auch wenn wir sie nicht verstehen.
Wir gehen deine Wege und halten uns an dich.

Du wirst den Feind, den Tod, überwinden.
Du bist auferstanden von den Toten,
dir nach werden sie alle auferstehen.
Mit dir werden sie sich freuen in deinem Licht
und dich preisen von Ewigkeit zu Ewigkeit.

Das große Licht

Wenn ich mich befrage, was für Bilder meinen Glauben geprägt haben, welche Erfahrungen, welche Zeiten oder Orte, dann finde ich mich immer wieder in der Stunde vor Sonnenaufgang. Ich weiß, dass die Sonne kommt und nicht ausbleiben wird. Mein Ziel wird das Licht sein. Der Tag. Ich muss, was das für mich bedeutet, nicht beschreiben können. Der Tag wird mich überwältigen. Alles, das Helle, das Große, das Licht wird da sein.

Manchmal sage ich mir dabei den Vers aus dem 130. Psalm: »Ich warte darauf, dass du kommst. Meine Seele wartet auf dich wie ein Wächter auf den Morgen, ja sehnlicher, als ein Wächter auf den Morgen wartet.« Oder das schöne Wort: »Fest steht das prophetische Wort, und ihr tut wohl, darauf zu achten. Es ist ein Licht, leuchtend an einem dunklen Ort, bis der Tag anbricht und der Morgenstern aufgeht in euren Herzen.« (2. Petrus 1,19)

Ein sehr zarter alter Herr, ein Arzt, siebenundachtzigjährig, sagte mir einmal mit einem strahlenden Lächeln: »Ich freue mich auf das große Licht.« Er wollte nicht genauer sagen, was er meinte. Nur vom »großen Licht« wollte er sprechen, auf das er mit allen Sinnen hinlebe. Alle Beschreibungen dessen, was er erwartete, waren für ihn wesenlos geworden. Und es mag durchaus sein, dass auch ich in einigen Jahren, wenn ich sie erlebe, von alldem, was ich in meinen Büchern gesagt habe, nicht mehr reden will oder kann, sondern nur noch von dem großen Licht. Ich hoffe, das werde mir dann – wie vielleicht auch dir – genug sein.

Quellenverzeichnis

Die im Folgenden genannten Schriften von Jörg Zink sind im Kreuz Verlag und im Verlag Herder erschienen. © Kreuz Verlag und Verlag Herder GmbH, Freiburg im Breisgau.

Jörg Zink: Die Goldene Schnur. Anleitung zu einem inneren Weg, Stuttgart 2008, Neuausgabe Freiburg im Breisgau 2013, »Schnur«

Ders.: Das Vaterunser. Das Gebet, in dem alles gesagt ist, Stuttgart 2005 (vergriffen), »Vaterunser«

Ders.: Vom Geist des frühen Christentums. Den Ursprung wissen – das Ziel nicht verfehlen, Freiburg im Breisgau 2011, »Geist«

Ders.: Dornen können Rosen tragen. Mystik – die Zukunft des Christentums, Herder spektrum Taschenbuch 2009 (vergriffen), »Dornen«

Ders.: Erfahrung mit Gott. Wir stehen nicht am Ende, sondern immer am Anfang des Christentums, Stuttgart 2008, »Erfahrung«

Ders.: Schöpfungsglaube. Alles ist gut. Denn in allem ist Gott, Stuttgart 2006 (vergriffen), »Schöpfung«

Ders.: Die Mitte der Nacht ist der Anfang des Tages. Bilder und Gedanken zu den Grenzen unseres Lebens, Freiburg im Breisgau 2010, »Mitte«

Ders.: Wie wir beten können, Stuttgart 2008, (vergriffen, Neuausgabe in Vorbereitung), »Beten können«

Ders.: In dir sein, Gott, ist alles. Gebete. Herder spektrum Taschenbuch, Freiburg im Breisgau 2012, »In dir sein«

Vorwort

Das Interview, das Jörg Zink 1985 dem »Börsenblatt des Deutschen Buchhandels« gab, ist nachzulesen auf www.joergzink.de.

Ausgewählte Schriften
von Jörg Zink

- Auferstehung. Und am Ende ein Gehen ins Licht, Herder spektrum Taschenbuch, Freiburg im Breisgau 2011
- Die Bibel neu in Sprache gefasst, Kreuz Verlag, Freiburg im Breisgau 2012
- Die Trostbibel, Kreuz Verlag, Freiburg im Breisgau 2010
- Die Goldene Schnur. Anleitung zu einem inneren Weg, Kreuz Verlag, Freiburg im Breisgau 2013 (auch als EBook)
- Die Mitte der Nacht ist der Anfang des Tages. Bilder und Gedanken zu den Grenzen unseres Lebens, Kreuz Verlag, Freiburg im Breisgau 2010
- Mit Anselm Grün: Die Wahrheit macht uns zu Freunden. Wie Christen morgen miteinander leben werden, Herder spektrum Taschenbuch, Freiburg im Breisgau 2013 (auch als EBook)
- Ein gesegnetes Jahr. Zum Geburtstag, Kreuz Verlag, Stuttgart 2001
- Ein paar Schritte an Ihrer Seite. Ein Wort für Trauernde, Kreuz Verlag, Freiburg im Breisgau 2012
- Entdecken, was uns verbindet. Spirituelle Texte aus allen Religionen, Kreuz Verlag, Stuttgart 2008
- Erfahrung mit Gott, Kreuz Verlag, Stuttgart 2008
- Genieße den Reichtum der Jahre, Kreuz Verlag, Freiburg im Breisgau 2011
- In dir sein, Gott, ist alles. Gebete, Herder spektrum Taschenbuch, Freiburg im Breisgau 2013
- Jesus. Funke aus dem Feuer, Kreuz Verlag, Freiburg im Breisgau 2011
- Leise Kräfte, die dich tragen, Herder spektrum Taschenbuch, Freiburg im Breisgau 2012
- Mit allerbesten Wünschen. Zum Geburtstag, Kreuz Verlag, Stuttgart 2002
- Mut zum Leben. Biblische Einladungen, Kreuz Verlag, Freiburg im Breisgau 2012 (auch als EBook)
- Sieh nach den Sternen, gib acht auf die Gassen (EBook), Kreuz Verlag, Stuttgart 2008
- Trauer hat heilende Kraft. Kreuz Verlag, Stuttgart 1985
- Trauer hat heilende Kraft. Ein Besuch, wenn alle gegangen sind, Kreuz Verlag, Freiburg im Breisgau 2013
- Vom Geist des frühen Christentums. Den Ursprung wissen – das Ziel nicht verfehlen, Kreuz Verlag, Freiburg im Breisgau 2011
- Wege ins Freie. Ein Gruß für Kranke, Kreuz Verlag, Freiburg im Breisgau 2013